画画旅行

〔韩〕金韩民 著
深 予译

人民文学出版社
PEOPLE'S LITERATURE PUBLISHING HOUSE

著作权合同登记号　图字 01-2016-2722

图书在版编目（CIP）数据

画画旅行 /（韩）金韩民著；深予译. —北京：
人民文学出版社，2016
ISBN 978-7-02-011993-6

Ⅰ.①画… Ⅱ.①金… ②深… Ⅲ.①游记—作品集
—韩国—现代 Ⅳ.①I312.665

中国版本图书馆 CIP 数据核字（2016）第 221930 号

责任编辑：卜艳冰　潘丽萍
装帧设计：钱　珺

出版发行　人民文学出版社
社　　址　北京市朝内大街166号
邮政编码　100705
网　　址　http://www.rw-cn.com
印　　刷　上海利丰雅高印刷有限公司
经　　销　全国新华书店等
开　　本　890mm×1240mm　1/32
印　　张　8.75
字　　数　80千字
版　　次　2016年12月北京第1版
印　　次　2016年12月第1次印刷
书　　号　978-7-02-011993-6
定　　价　52.00元

画画旅行

献给本书第16～25页图画的作者（即作者母亲）

目录

我的形象
+
配角们

下面介绍一下我们的旅行同伴吧。首先是“米利”。米利这个形象是我在大学一年级的时候创造出来的，是我的第一个作品的“化身”。最开始，只是因为叫起来很可爱，所以给自己取了这么一个名字。偶然在谷歌上一检索，居然有很多色情片演员也叫这个名字，着实让我吃了一惊。之后，我到了南美，又得知米利是西班牙语“Milagros”（奇迹）的缩略语，并且经常被用作女子名，又着实让我吃了一惊。也曾经考虑要不要换个名字，之后甚至说服自己，名字翻译成汉语“密理”，还有密集和道理这两个意思呢。米利的形象虽然是模仿可爱的斗牛梗的样子创作的，但是乍一看，也看不出到底是狗，还是驴子和牛的混合体。我作品里的一切其他形象也是如此。

在我大学毕业之后，又需要塑造一个新的长大成人的形象。比起可爱有趣的绘画，我更想通过作品来表达一些真挚的东西。所以，我的绘图小说《像彗星一样的房子》的主人公“武二”便应运而生。武二分别带有我和弟弟的一些性格特质，比如偏安静、比较敏感。武二的形象是一个普通人，四肢和身高与常人无异，不会特别戏剧化，也更能融入作品的画面。我的形象一般都不太爱笑，必须指出，生活中的我可不是这样的。

米利

1998 年诞生，
这个形象一直使用到大学毕业

武二

这个形象从大学毕业后持续使用到现在

假如我想描绘一个很久没有洗头发的人乱糟糟的形象，“实四”就会应景地出现。画这个家伙的时候，比起画整整齐齐的武二，感觉更加真实，倾注的感情也更加丰富。总之，现在，我会视当时的心情，在三个形象中任意选取一个进行创作。

“哥哥”这个新奇的角色只在两个章节中出现过，只在一皱眉之间流露一下心情，没必要给予过多的关注。“姐姐”这个形象是时常瞪着一双大眼睛的袋鼠，她的肩膀很宽，肌肉发达，千万不要误认为是一只兔子。母亲的形象会在后面做介绍。

实四

视心情随意使用的形象

哥哥

在英国、德国时的旅伴

姐姐

在法国、意大利时的旅伴

序言

画画旅行

对我而言，画画旅行并不是寻找名家名画的美术馆探访之旅。在旅途中，看到了不起眼的涂鸦，也要亲自试着描绘一番；一边画画，一边深呼吸一口，放松紧张的心情；在旅途中的某一天，将相机扔到酒店，拿着口袋速写本和铅笔，自在地出门写生去……我称这种自在的旅行方式为画画旅行。我劝旁人尝试画画旅行的时候，他们的回应都差不多。

“可是我不会画画啊！”“哎呀，麻烦。”“有相机呢，画画做什么啊？……”

但是，如果交谈再深入一些，就会发现这样说的人过去也十分喜欢画画，他们同时会惊讶地觉察到，自己心底其实一直渴望能有机会再次接触画画。那他们怎么会变成现在这样的呢？是什么在他们和绘画之间竖起了一道墙？品味着和他们的对话，我提笔写下了这本书。

关于能画好画的方法，我还真没什么可说的。与其说画画技巧是需要别人教的，我更倾向于认为，画画最重要的技巧是作画之人乐在其中。旅行也是一样。要说画不好画的原因可是多了去了。我相信，用手创作作品是人类所拥有的最了不起的特权之一，这特权没有人可以剥夺，就像旅行一样。不幸的是，这特权已经被大多数的人忘却了。

从最基本的问题开始吧。什么是画画？画是一个名词，同时也是一个动词。我非常喜欢这样的词语，梦想、生活、画画。这样的词语恰恰解读出了“结果和过程同等重要”这一道理。说到画画，比起落在纸上的这一结果，画画这一行为、这一过程对我来说更加重要，进一步说是画画的时候我们的时间在发生变化。就像汽车换挡一样，在画画的时候，人体会的是和平时不一样的另一种概念的时间。这个过程远比落在纸上的结果重要得多。所以，当有人说“想画画了”的时候，我就了解到，“啊，这个人现在是想畅游另一种时间啊”。

画画的时候，不一定需要高度集中精力。这个状态不能说是松散，也不能说是完全集中，是一个很微妙的状态。我经常引用《龙珠》里“去精神和时间的房间里溜达了一圈”的场面来描述这个状态，经常体会这个状态便悟出了一些重要的道理。旅行时每天生活的节奏和平时不同，没有比旅行时更适合画画的时间了。或者，没有比画画这件事更适合度过旅行时的美妙时间了。说不定，这也是歌德、黑塞喜欢在旅途中画画的原因吧——虽然他们并不是画家。

精神和时间的房间

画画旅行和普通的旅行有什么不一样呢？画画会使旅途更加有趣，使旅行时的记忆更加宝贵、更加丰富，整个旅程在眼前呈现开来，每次想起都会泛出微笑……画画旅行的好处简直多得说不完。但是这样一项项列举画画旅行的优点，反倒可能使画画旅行的魅力大打折扣，甚至心生反感。仔细想想，村上春树和伊塔洛·卡尔维诺这样伟大的小说家从来没有写过劝别人写作的文章，他们的文字不照样吸引了许多人踏入文字的世界吗？不管怎么说，劝别人尝试画画旅行的最好方法就是，悄悄地交给他们进入“精神和时间的房间”的邀请函。

等等。

开始我的故事之前，想给大家讲一个别人的旅行故事。

有一个人，他的专业和工作与画画风马牛不相及，他也从来没有学过画画，总之，生活了五十多年，和绘画完全不相干的一个人，相信了我的话，接受了我的建议，带着速写本和铅笔，鼓起勇气开始了旅行。最开始说做不到、很麻烦，犹犹豫豫，内心挣扎之后，最终感受到“真庆幸，能找到这么好的方法，用绘画记录旅程！”并因此向我致谢。这是他的故事。

不知道你会不会被这个故事所吸引。

埃及
2016

犹犹豫豫地开始了……

比起闲暇时的出游，更多的人都是挤出时间来，急急忙忙地出行，因此，自然没有多少人有心思考虑选择哪种旅行方式了。妈妈和儿时同学们的土耳其之行也是如此。我在一旁替各位大忙人制定行程、考虑注意事项，直到她们上飞机，其中曲折的故事都可以说一天了。但是，即使忙到那个程度，我也不忘行使儿子的权利，半威逼半利诱地劝她一定要画画旅行。

妈妈犹豫了，这是很自然的反应。谁一开始都有“白纸恐惧症”，不知道该从什么开始画起。特别是上了年纪的人，这是很正常的现象。但是，万事开头难。我在妈妈的速写本上画了一个简单的形象，为她扫除了画画旅行的第一个障碍。这样她就可以照这个画了。

画画的时候，用一个形象来代替自己。制作一个形象，最简单的方法就是选一个自己喜欢的动物，什么动物都可以，越简单的越好，这样画起来也容易一些。不一定非要和自己相像不可，反正多画几次之后，会和自己越来越像，这就是绘画的妙处。雕塑家贾科梅蒂说过："在所有的绘画作品里，我最感兴趣的便是其相似性。"但是一个形象通过自己的身体、自己的手被创作出来，必然会越来越贴近自己，这不能不说是一个神秘的现象。不管别人怎么说，创造出这世上独一无二的属于我的东西，这本身不就很酷吗？

我为妈妈创作了一个连我都不知道是什么动物的、介于狗和羊之间模样的形象，然后再画上一头鬈发，一个简简单单的形象就这么完成了。幸好妈妈对这个形象还算满意。

人物形象完成就算成功了一半。因为不用多加思考，直接照着这个样子往纸上画就可以了。

不需要纷繁复杂的色彩。一切从简就好，这样才不会被无关的问题所困扰。小小的笔筒里放了一支小铅笔，为了防止无聊，还放了六支彩色的画笔，并且用每种颜色在创造人像的纸上稍微画了几笔。也不需要橡皮，如果带了橡皮，就会一直想要修改，这样反倒增加了不必要的负担。如果真的对画作不满意，大不了撕掉这一张重画。颜色不需要太多，只需要带上想用的、喜欢的几种，或者直接用铅笔或者水笔画也未尝不可。请记住，可选范围越少，心情越放松。

虽然为她准备了各种用具，心里还是十分忐忑。

她会带着画作回来吗……

Luxor. → Mövempick

结果令人吃惊。

清晨

在椰子树林的深处，有游泳池，还有莫斯科风格的酒店，远远地和星空交相辉映。

金字塔

这座山是人类手工打造的。

多么精巧!

如何解读这三角形的神秘之美呢?

听说坐在左边观赏效果最佳，
观光客们立刻展开了座位争夺战。

一起生活了三十多年，我居然不知道母亲还有这个天赋！想到我差点错过这一切，想到这些画作差点无缘来到这个世界……真是令人激动的重大发现啊。母亲甚至自己画了人物的背影。左边的画作，虽用了简单的几笔线条来勾勒，却非常巧妙地抓住了飞机的样子。不仅是下图的驴子，还有它旁边的上下卧铺床、窗户、梯子、洗漱台，还有睡觉时舒适的表情，虽然没有细致入微的描绘，却烘托出了夜晚列车上融融的氛围。

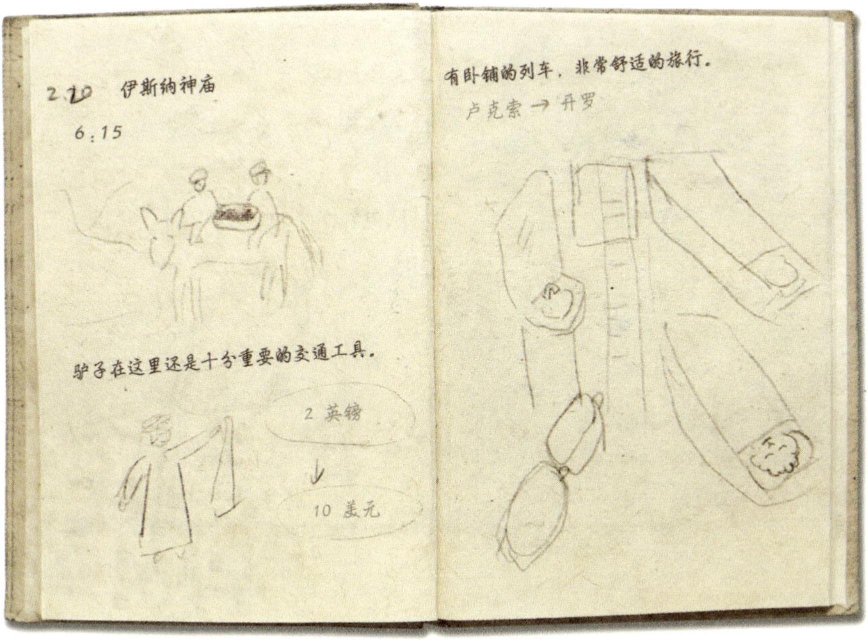

如果说我为母亲创作的人物形象是漫画式的，那母亲的铅笔线条颇有些绘画的意味。并且，我每次都感觉，比起习惯用电脑打字的我们，老一辈人更习惯亲手书写。他们的字体比疏于握笔的我们好了太多，写出的字体散发着一种韵致。

母亲的画册并没有画满。虽然只画了十一张，但已经足够了。（不必强迫自己画满，有了兴趣之后，不用旁人说，自己便会想画完一整本。）这本《土耳其游记》比我的任何一本书都让我感到骄傲，如果让我选家里最珍贵的物件，甚至是传家之宝，我一定毫不犹豫地选择它。

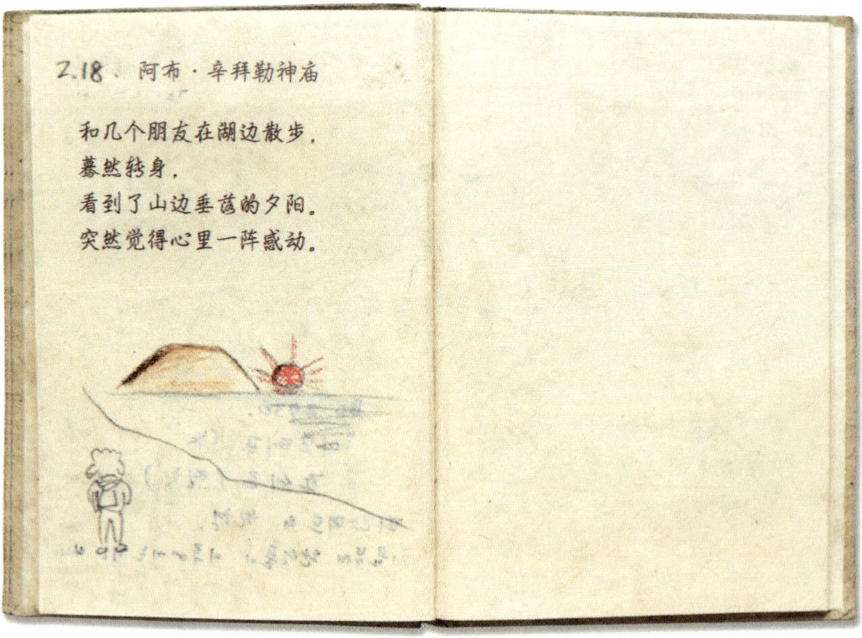

之后我又向许多人推荐过画画旅行。如果有什么我能帮忙的地方，就是像对母亲一样，为他们画一个简单的人物形象，这便是全部了。“如果无从下手，就从画人物的脸开始吧。”再加上这样一句叮嘱。这样踏上旅途之后，他们往往能带着不只是让我，甚至连他们自己都感到不可思议的作品回来。想象一下这些作品诞生时的喜悦之情吧，结果总是远远超过预期。

比起启程的时间，
返程的时间似乎特别短暂。
也不知道是不是思念家人心切，
返程的时候总是觉得归心似箭。
旅行可以发现未知的大千世界，
同时，也是重新发现自己、认识自己的好机会。

现在开始分享我自己的旅行。

匆匆忙忙

我曾经进进出出无数间“精神和时间的房间”。每当在那里发现一片过去的痕迹，我都会吃一惊。我原来是这样子的啊！有些已经变了，有些还如最初。对于一切都云淡风轻的我，居然曾经因为一次旅行这样地心情飞扬过！习惯了直到出国前一天的清晨才开始打包行李，这一点倒是一直没变。所有的记忆都被冷冻了，保存在画面里。还有那一瞬间心动的温度……来，一起来看一下吧。

现在如果下定决心要去旅行了，那再次拾起许久未碰的画笔的日子也就不远了。有一件事是一定要做的，就是记录下旅行前的心情，或者趣闻。有时候，启程前的激动心情比实际的旅途更加甜蜜动人。这种心情不记录下来实在是太可惜了。无论再忙，也一定抽出时间来记一下，哪怕只记一张呢。

记录的方式可以随意。即便不去旅行，平时如果碰上特别的日子，我也习惯随手留记录。每年的 1 月 1 日，我都会在一张长长的纸上，制作一个“想写的作品目录”。真是一个不像话的新年计划，一年之内怎么可能写完三十多个故事呢。虽然明知这种计划不会实现，我却乐在其中，并认为这样做是有意义的。因为，这实在是太有意思了！不管是不是长了一岁又一岁，不管是不是变成了不酷的大人，我都无法忍受自己变成麻木的中年大叔——度过新年的第一天，却感受不到一丝心灵的悸动！其实，“反正计划这种东西，即使做了也不会实现的”这种想法也是错误的。就算不能完全实现，也可以实现一部分。我觉得这都是年初这天制作目录的功劳。

画出目录的另外一个作用，就是使自己的梦想或者计划可视化。没有比传销公司更了解可视化的重要性了，他们有一个叫做“梦想建筑”的说法。因为他们清楚，如果能时常想起自己的梦想，人就会发挥令人吃惊的能力。他们会让加入组织的人这样做：把自己的梦想按照一年后、两年后、三年后、五年后、十年后的时间段分别记录在又大又厚的图画纸上；一定要多使用照片和图画形象，从冰箱到汽车、房子，到想去的世界名胜等，他们从杂志上把这些图画剪下来，粘在图画纸上。每天看着梦想建筑，比起漫无目的地树立目标，更能有效地赋予人们动力。

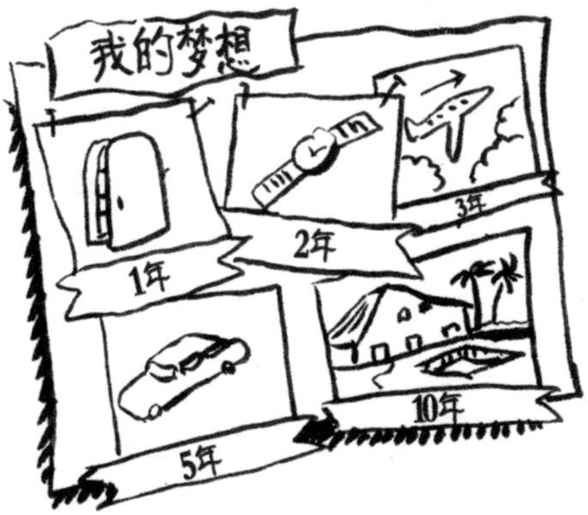

这些都还好。虽然传销公司废话多，还牵涉很多大大小小的法律问题，但在他们掌握人的心理这方面，还真是值得学习。但是，直接把别人的图画、照片复制过来，粘贴上，这是有问题的。

虽然拿来的照片很不错，但是并不是我自己的东西。就是说，这相当于把别人的梦想装裱起来，却说是自己的梦想。这样的目标很容易让人厌倦，即使实现了，也会感觉很空虚，没有成就感。因为这不是我自己的梦想。所以说，描绘自己的梦想的时候，不管画得好不好，一定要亲手创作，并练习着将其视觉化。

同样，为什么去旅行，现在的心情如何，最想看什么、想做什么，要准备什么物品，都一一记下来吧。即使是很细微的东西，画不好也无所谓，只要自己看就可以了。因为我们是为了自己而拿起画笔的。

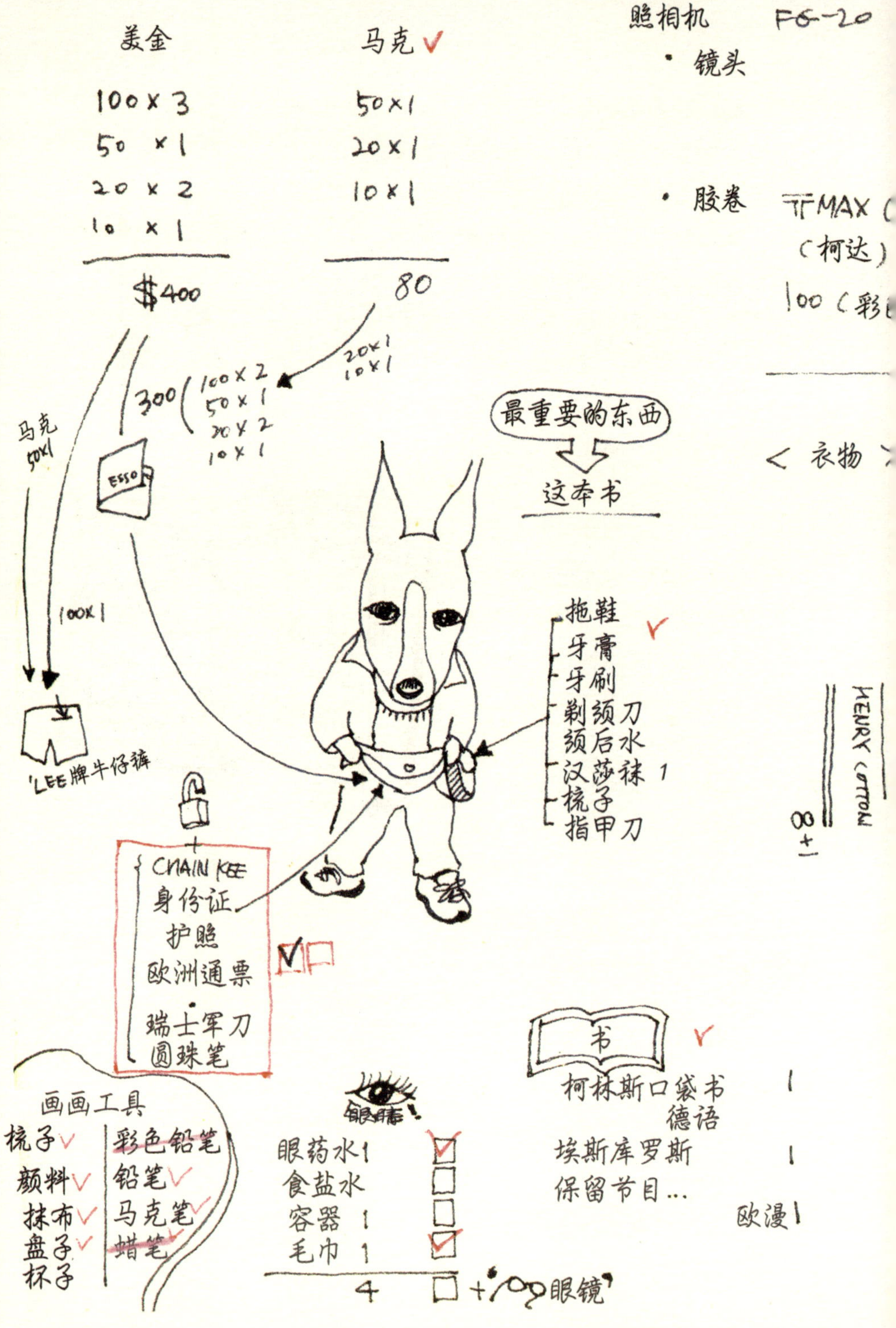

美金
100×3
50×1
20×2
10×1
$400
马克
50×1
20×1
10×1
80
照相机 FG-20
· 镜头
· 胶卷 TMAX
（柯达）
100（彩
300
100×2
50×1
20×2
10×1
20×1
10×1
马克
50×1
100×1
ESSO
LEE牌牛仔裤
最重要的东西
这本书
＜衣物＞
HENRY COTTON
拖鞋
牙膏
牙刷
剃须刀
须后水
汉莎袜 1
梳子
指甲刀
CHAIN KEE
身份证
护照
欧洲通票
瑞士军刀
圆珠笔
书
柯林斯口袋书 1
德语
埃斯库罗斯 1
保留节目…
欧漫 1
眼睛!
眼药水 1
食盐水
容器 1
毛巾 1
4
+眼镜
画画工具
梳子
颜料
抹布
盘子
杯子
彩色铅笔
铅笔
马克笔
蜡笔

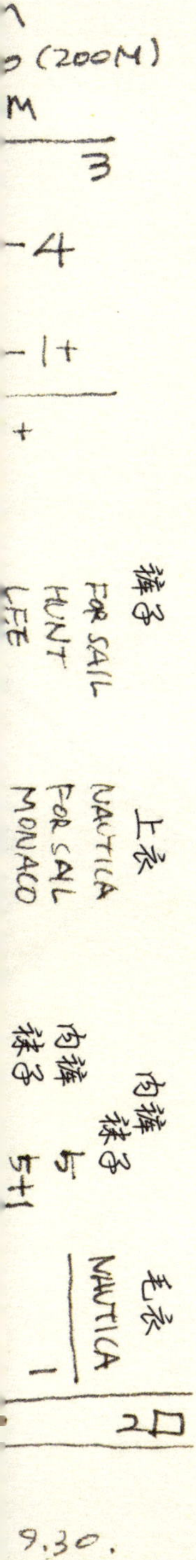

这是我的记录。仔细看，会发现连带指甲刀这种小事都记上了，真是吓了一跳。现在什么都嫌麻烦的我，十年前居然这么细心。如果旅行之前完全没有一丝激动的心情，那就记下无聊的状态吧。最重要的是亲手记录下这一段时间，最重要的是“记录”这一行动。不绘制图画，而是直接输入电脑的文本里面，所达到的效果是完全不同的。

没有比地图更让我激动的东西了。我开车的时候不用导航仪，而是看地图。太依赖机器，人的能力就会退化。我曾经听说有人把地图放在餐桌上，用玻璃压住，这样就每天都能看到了。真是一个不错的想法！每天看三遍世界地图的话，熟悉得都能背下来了，时时提醒自己世界之大，还有太多的地方还没有去过。等有一天我有了自己的餐桌，一定也要这样做！但是也记住不要太沉迷于地图。特别是去旅行之前，看地图会占用很多打点行李的时间。

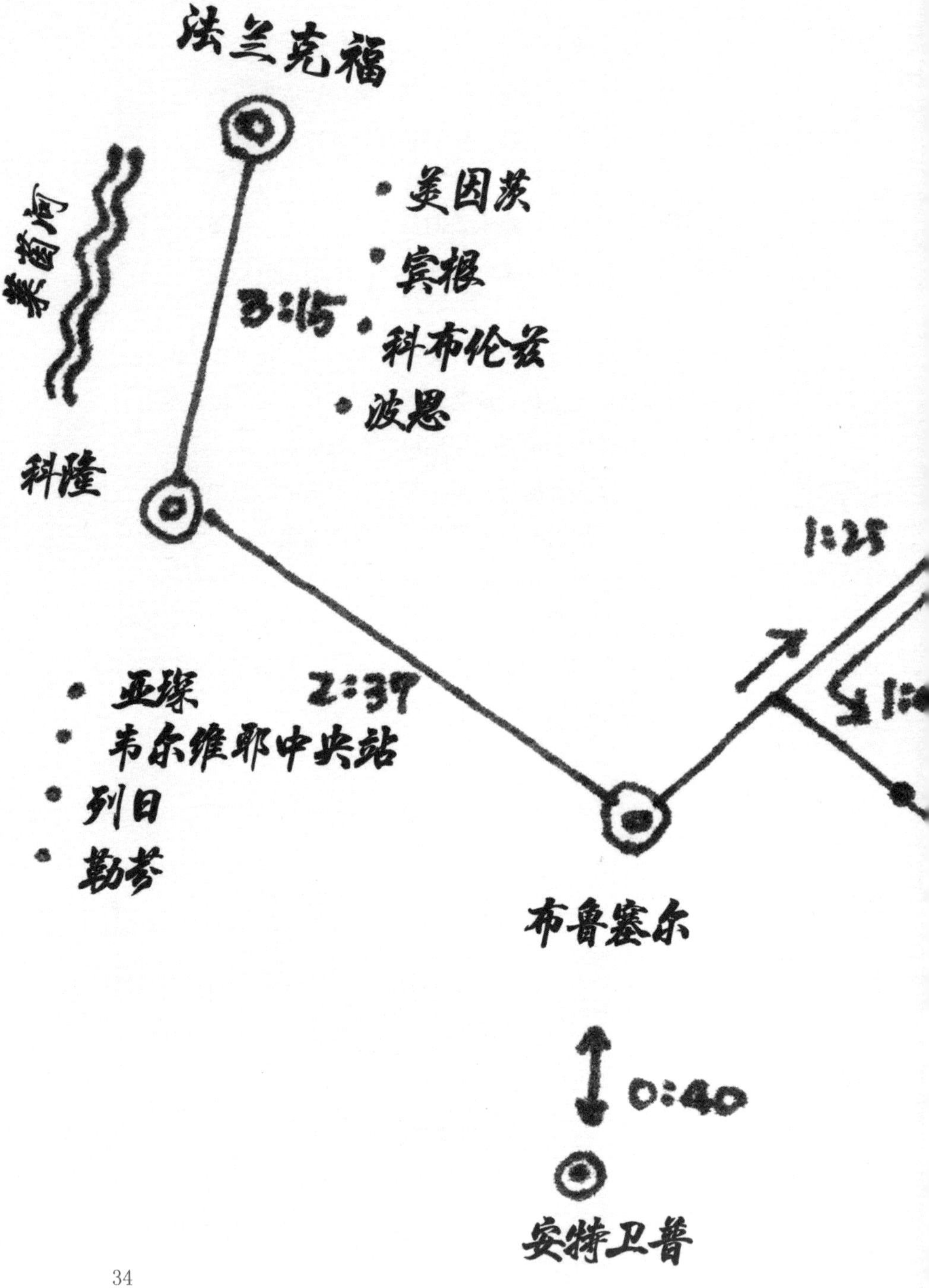
法兰克福
莱茵河
美因茨
宾根
3:15
科布伦茨
波恩
科隆
1:25
亚琛
2:37
韦尔维耶中央站
列日
勒芬
布鲁塞尔
0:40
安特卫普

坦白说，我是一个生活上的低能儿，非常不擅长处理日常琐事。预订一张电影票这么简单的事情我都觉得很头疼，甚至因为不爱买电影票，连电影都不看了。

在网上买票的时候，辛辛苦苦地录入了所有的个人信息，最后一下，提交按钮按错了，之前的信息全都没有了……那一瞬间我的眼泪都下来了。这绝对不是修辞手法，当时是真的哭了。实在是太丢人了，制作文件、预订、结算、交接……可以毫不夸张地说，我就是因为讨厌处理这些日常事务，才选择当一个作家的。不幸的是，即使是作家，也往往逃不开这些琐事的纠缠。所以说，简简单单制作一个旅行行程，对我来说是个莫大的挑战。找一个喜欢处理这些琐事的同行者，旅行一定会顺利得多。

我经常把哥哥视为自己的贵人。我俩一起出行，基本上就是哥哥负责行前计划，我负责旅行。这么说，好像我利用哥哥似的，但突然想到也许是我被哥哥利用了呢？我一直对哥哥制定的行程毫无意见，完全像个家畜一样被动地跟着他的计划走嘛！想想也是，我不会制定行前计划，只擅长把制定好的计划画出来。按顺序规规矩矩记在便条上也可以，但是，如果画出来，不仅可以像地图一样，一眼看清行程路线图，还可以熟悉整个城市，画面有趣、可视性强，简直是一举三得啊。

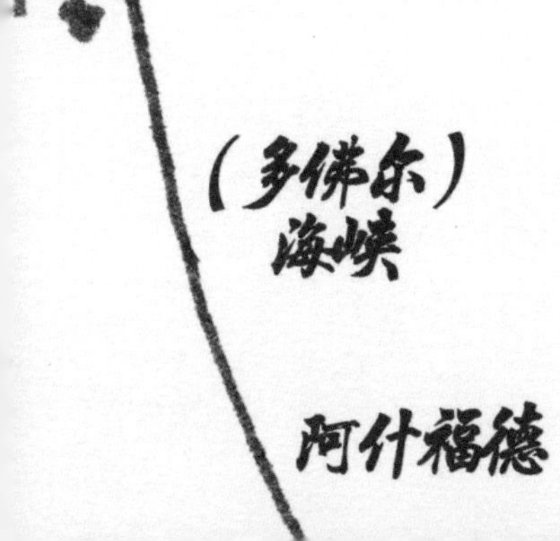

但是，性格决定命运这句话一点都没有错。不管心情多么激动，计划多么完美，到了出发的那一天，还是免不了手忙脚乱。那是第四次去南美旅行前发生的事了。在去机场的大巴出发十分钟之前，我还在写邮件处理一些事情，赶来帮我收拾行李的朋友在身后嘟囔了一句。

“你卫生间的下水道……好奇怪啊。”

“什么？下水道怎么了？”

我一直盯着电脑屏幕，没有仔细听她在说什么。

失误啊。她看我忙得不可开交，也没有继续说下去。

当我做完工作，想洗把脸出发的时候……！下水道里的水全都溢出来了。急急忙忙给房东打电话，收拾行李，乱成了一团。再不走就真的晚了……

房间都被水淹了，怎么安心地出去旅行一个月呢。虽然房东大叔大妈一直在说没关系没关系，还是觉得很抱歉，心情也久久不能平复。后来到了机场，想起刚刚的场景，不禁笑出声来，心情也平静了一些。既然到机场了，即便担心，我也做不了什么了。

回想起来，我经常会觉得自己太忙了。实际的情况却是，我们已经习惯了忙碌的生活状态，有一点闲暇时间反倒不知道做什么了，甚至会感觉不安。就像丧失了享受悠闲时光的能力一样。忙碌是旅行最大的敌人，同时也是去旅行的理由。因为太忙所以去不了，这种想法是不对的。越忙，越应该鼓励自己踏上旅程。我们平时像脱缰的野马一样，以飞快的速度工作生活着，旅行，恰恰赋予了我们适应高强度、驾驭快速度的能力。所以，当一个人忙得不可开交的时候，会不自觉地脱口而出“好想去旅行啊”这样的话。这话很像是无心说出来的，其实，这是为了保证生活质量而激发的自我保护本能，即一种自我暗示。人类很清楚自己需要什么。所有的信号都在传递这个信息，如果这些信号被无视，人就会生病。

研究结果标明，如果在三秒钟之内想不起昨天吃了什么午餐，就说明这个人的脑细胞正在退化。试一下吧，能想起来吗？不仅仅是三秒，过了三分钟还想不起来的还大有人在。我们就这么匆匆忙忙地活着。

我有一个朋友，因为每天实在太忙了，患上了短期记忆丧失症。就是一天忙完下班之后躺在床上，什么都想不起来。虽然记得一整天在忙着处理很多事，却想不起来做了什么事，见了谁，说了什么……只是隐隐觉得应该有这回事，却想不起来。

还有一种病，眼睛直愣愣地盯着前方，却什么都进不到脑子里，进不到心里。身体在位子上，却只是呆呆的，思绪不知道飞到了哪里。在大城市里生活的现代人，特别是在快节奏的首尔生活的人们，几乎很少有人没被这种病困扰过。

患这些病的人，最需要的就是瑜伽、冥想这类能关注自己身体和呼吸的运动。静坐，然后将注意力集中在呼吸上。一边吸气、呼气，一边感受身体的变化，哪怕只有一小会儿，也能将我们从杂念的枷锁中解放出来。

画画也可以说是一种冥想。要说差别的话，就是动着手指进行的冥想。那位患了短期记忆丧失症的朋友为了疗愈自己，开始了画画。虽然不知道画画发挥了多大的作用（这种病的原因是过于忙碌，超过了人体负荷，如果不换工作，很难完全治愈），至少在作画的时间内，他的心是放空的、平静的。

用画画治病的例子多得数不胜数。我在读大学的时候，也曾经在首尔一家医院的精神疾病科做美术治疗助教，曾经亲眼目睹了美术治疗的效果。如果是为了治疗，写作也是不错的方法。写作可以将头脑中的各种杂乱的信息，各种记忆碎片整理好，梳理出一个连贯的顺序。画画又是不同的。由于是非语言的属性，画画会提供一种不同于文字的体验。邮件、信息、文件、社交网络……我们的太多时间都被语言这张大网罩住了，画画则可以暂时从这张大网中解放我们。大脑的语言中枢也是需要休息的，有时候，我们也需要听听没有歌词的音乐，比如演奏曲、默音等。

不管怎样，这些都先放一放，
先背上背包再说吧。

“画画旅行的必备物品”

所需物品非常简单，简单得超乎你的想象

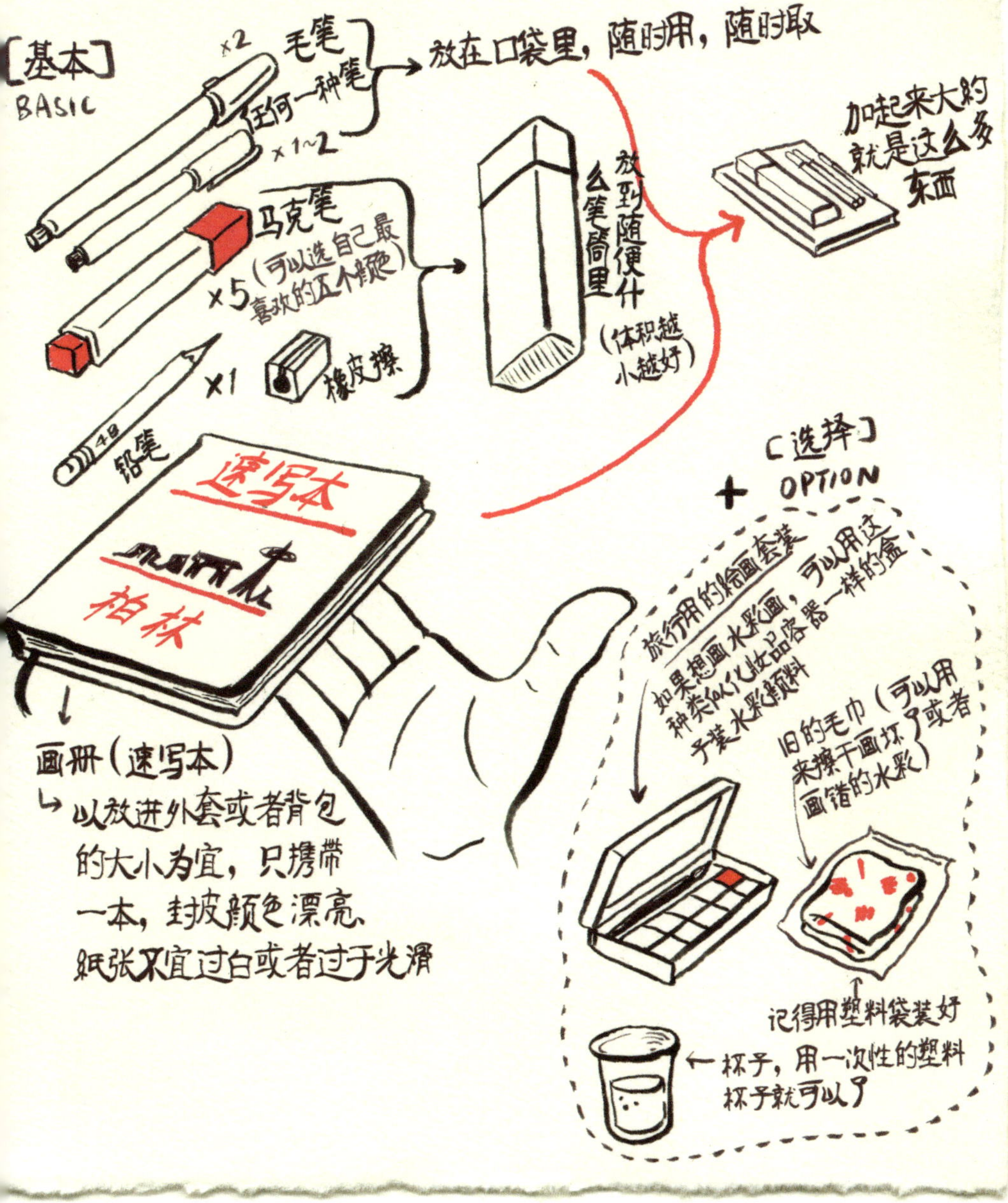

缓口气

旅行开始了。刚刚出发，还没有到达目的地。在机场里等换乘的漫长时间，还没出现在大屏幕上的航班号，永远是最后一个出来的行李，不见踪影的接机人…… 这又教给我了一些什么呢？这些事情让我很头疼，但是，只要静下心来，放松地观察周围的人和物，就会发现很多有意思的事情呢。

MEEt
IN
ROMA
LUCIO FONTANA

机场

我在候机的时候，特别喜欢看来来往往的运货车。别看这东西这么小，但是都得同样遵守复杂的通行规则。它们不知疲惫地奔跑了一趟又一趟，运送了一波又一波行李。

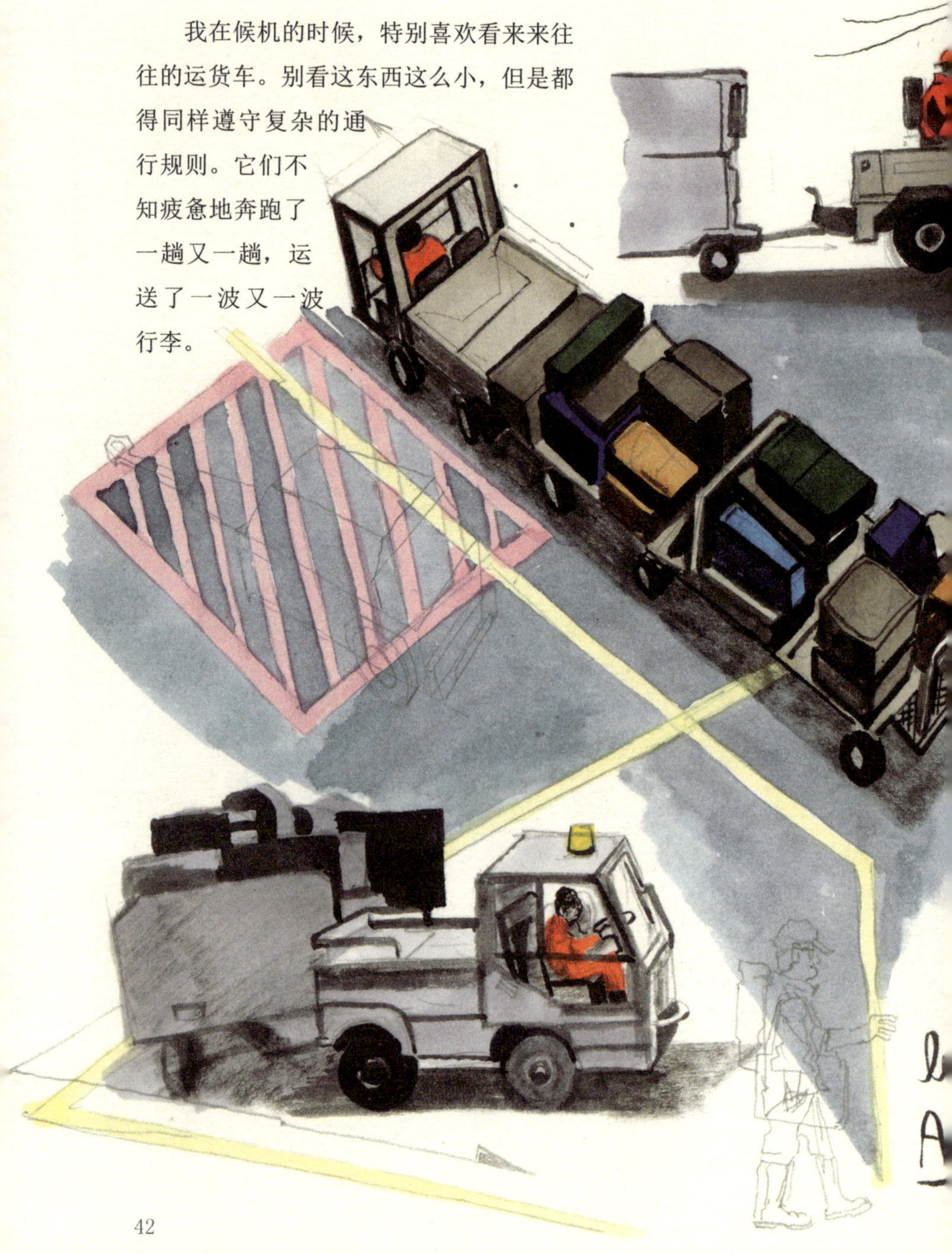

这种勤快的样子尤其可爱。因为诚实，因为勤勉，所以可爱。这种可爱唤起了人类最有价值的那一面——人类劳动的样子。当你放松下来，真正以一个游客去观察的时候，这一幕自然而然就打动你了。

在机场的时候，我会长久地注视一些上了年纪的旅客。他们有很多年轻人不具备的特质。他们从来不是很在意别人的眼光，可能已经厌倦了时时刻刻注意别人了吧，他们从衣着到小的行为习惯，都向别人展现了自己固有的风格。观察一些年老的夫妇，你总能从中发现已经定型的行为方式。有些夫妇在排队等待登机的时候，夫妇俩必定是你一次、我一次地换着拎行李。有些夫妇在一起，突然其中一位便不知去向了，剩下的那一位也不会四处张望寻找，甚至不会流露出一丝慌张的神色。过了一会儿，等那位回来了，另外一位甚至不会特意看一眼，两人自然地继续之前的对话，像从来没有人离开过一样。不用说，也不用看，他们心里清楚地了解对方的行事方式。他们虽然不再有年轻恋人之间特有的亲昵举止，其感情却有一种异常强大的气场。每当看到这些场景，我就会想起小时候放在我房间一角的玻璃瓶。玻璃瓶里一半是水，一半是油。为什么小孩子的房间里会有这个东西呢？难道是哪个哲学家半夜来过我房间，悄悄留下的礼物吗？之后，我并没有过多关注这个瓶子，就任由它放在那儿。多年之后，我居然有了一个重大的发现。有一天，我观察到了瓶子里液体的颜色变了，水和油的界限没有那么分明了。怎么会这样……难道油可以溶于水？

就像现实生活中没有百分百纯度的水或者油一样，界限这个东西也没有我们想象的那么绝对。经过了漫长的岁月，水和油不也溶到了一起吗？观察着旅途中的老夫妇们，我思考了很多。

时间的力量会给旅行者带来一些什么改变呢？这个问题可以从在机场打发时间的人们身上找到一些启发。机场里有一些天赋异禀的“睡神”。他们在机场根本不是蜷缩着眯一会儿，而是进入了深度睡眠。对于我这种不在自己的床上就翻来覆去睡不着的人来说，他们实在是太有违和感的存在。在机场里打发时间的时候，失眠的我真心地羡慕死了这些睡神们。我的一个朋友在哪儿都睡得特别香，几乎都出名了。但是之后，他到了机场，见识了普罗众生的各类睡相，也着实被吓了一跳。

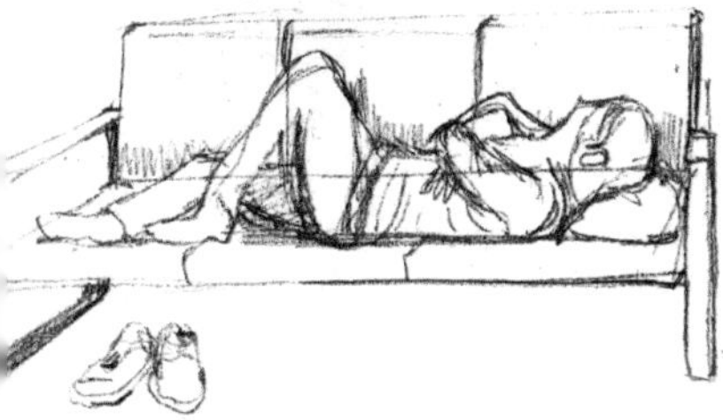

大家都在椅子上面挪动身体，想找到一个最舒服的睡姿，突然出现一个人，像哥伦布竖鸡蛋一样，摆出了一个特别有创意的姿势——真是发挥了最平凡的智慧。只要腿部放松了，全身就会得到很好的休息。多亏机场铺上了还算干净的地毯（地毯上的螨虫之类的就暂且不说了），至少不会着凉。当然，这个姿势还都是小菜一碟。打开 www.sleepinginairports.net 这个网站，你定会为里面各位睡神的专业水准所折服。

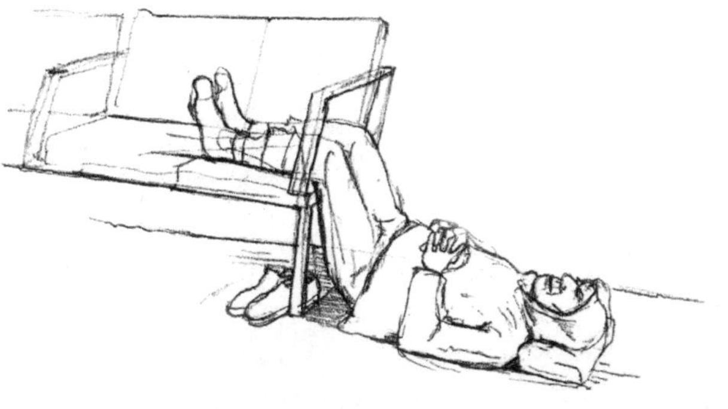

在徘徊，
在等待的人们
揪心，等待……

我在机场最常观察的就是在等人的人们。一般机场都离市区比较远，所以来这里的人的目的大多是相同的——等人。那些兴奋地等待，又因为等的人迟迟不来而慢慢疲倦的背影，在我看来是那么的浪漫。画家威廉·莫里斯曾经说过：“我觉得最浪漫的事，就是期盼一件事的发生。”有时候，见到了久别重逢的家人、恋人，看着他们激动的样子，真想给他们看看我刚刚画好的画。“看看吧，这就是刚刚他在这里等你的样子。”你想象过这样的场景吗？

飞机上

画着画着，机场广播里就提示登机了。如果说多次的旅行带给我什么飞机上的生存智慧的话，那就是“不和旁边的人聊天比较自在”。是的，要说自在的最高境界，就是互为路人。实际上，我也有对别人很好奇的时候，想知道那个人的目的地、国籍，甚至是开始旅行的缘由。如果碰巧旁边的女孩长相带有某个人种特征，或者有人特别客气礼貌，起身去卫生间的时候因为打扰到别人而面露歉意，我就更加好奇了。但是我还是不会上去和人搭话，不想因为自己挑起话头之后，为了避免沉默的尴尬，跟别人一直聊个不停。渴望和人沟通，却选择孤立自己，这真是现代人的顽症之一啊。我对旁人表现出来的兴趣也只停留在等人睡着的时候，给他画一张像收藏起来而已。

等人们看电影看累了，聊天聊累了，一个一个睡去的时候，我留着一盏灯，拿出用餐时省下来的一小杯红酒细细品味着。好像在这半空中拥有了一个属于自己的夜晚。好甜蜜的孤独。

转机

没有哪个旅行者可以避开转机这件事。转机的机票价格比直航的便宜是原因之一，更重要的是，像南美这样的地方，直航可能到不了目的地。等待转机虽然时间漫长，又消耗人的精力，但其实也没有那么糟糕，没有什么时间比这时更适合画画了。千万别有事没事就拿出存满了电影、电视剧的移动硬盘和智能手机。在家里不是整天都看吗？电影、电视剧在飞机上看看就得了。相信我，“好好利用这些无事可做的时间”绝对是最重要的旅行秘诀之一。如果不能领悟这些道理，旅行完全就变成个苦差事了。当然，不用觉得这些空闲时间有义务要做点什么。逛逛免税店，看看来来往往的人们，读读书，写写日记（我最推荐的就是发呆），怎么，时间还富余吗？那剩下的时间就用来画画吧。

转机时间太短也是个问题，因为可能一不小心就错过下一班飞机。转机时间在一个半小时之内的必须多加留心。这种换乘票最开始都不应该被卖出来的，如果不仔细确认，等上了飞机才发现就太晚了。我在去秘鲁拍摄《世界主题纪行》的时候就发生过这样的事。经验丰富的旅行纪录片导演听信了旅行社的话，买了转机时间只有一个半小时的机票，并且，还是在以转机手续繁琐而臭名昭著的L.A.机场！多亏了在机场工作的叔叔，我们最后十分惊险地赶上了飞机。整个赶飞机的过程实在是太心焦了，从一出发手里就捏着把汗，以后这种狼狈事还是避开为好。

着急是画画的大敌。

以前在秘鲁的时候，小区里一个奇怪的大哥给我讲过一个不可思议的故事——人为地制造一个场景，使约会女生精神紧张起来，就会吸引女方的注意力。

……首先买好电影票，在电影开始的三十分钟之前到达电影院。把女生引到离电影院一百多米的地方，不远不近，一百多米就好。（这个可能需要事先考察现场。）点一杯咖啡，两个人轻松地交谈。另外，还要事先准备一些有趣的话题。看看差不多电影开场十分钟之前，开始谈准备好的话题，这个话题必须能够完全吸引对方，让对方能入神地听下去，顾不得其他。然后装作突然想起来的样子，说："啊！电影快开始了，我们得跑过去了。"当然，必须是真的一起跑过去。跑的时候最好能够自然地抓住对方的手腕或者胳膊，有一点肢体接触。经过这么一紧张之后，女孩自然对这次约会印象深刻了，而且在看电影的时候也会一直保持一种微妙的紧张感。那么恭喜你，这次约会就算成功了……

他特别认真地给我描述了这个场景。在紧张的那一瞬间，会让人留下比较深刻的记忆，这一点我倒是深有体会。此后，每当我因为什么事着急而心情焦躁的时候，我便不自觉地想起，可能他正在电影院考察场地，准备和哪个女孩装模作样地再跑一次呢。不知他最后有没有捧得芳心归。

还有一些时候，也是因祸得福了。

有一次在秘鲁错过了我们的航班。去过的的喀喀湖的人应该记得“胡利亚卡”这个地方。离的的喀喀湖最近的城市普诺没有机场，距离一小时车程的小城——胡利亚卡有一个机场，很多人都经由这里去的的喀喀湖。我最初的计划是，穿过玻利维亚的国境，到的的喀喀湖，之后再去胡利亚卡，乘飞机到首都利马。

事情的起因是，我们在国境边界拦到的长途出租车居然是无证驾驶（虽然我们在乘坐之前已经反复确认过了）。司机一直辩解说不是无证驾驶，只不过是延迟几天换证而已——不过在我看来两者没什么区别，我们在过站检查的时候为此浪费了大量时间。幸亏是国内航线，登机手续比较简单，一般在起飞之前都会让旅客登机，时间还比较富余。但是，我们到机场之后发现，大门已经关闭了！打听了以后才知道，飞机居然提前起飞了。倒是听说过飞机晚点起飞的，难道还有提前起飞的时候？

航空公司一直指责我们到得太晚了，我们坚持认为航空公司随意改变起飞时间，实在是让人无法接受。最终，航空公司给我们预留了第二天航班的座位，并负担了当晚当地最好酒店的住宿和第二天的早餐，还有机场到酒店的往返出租车费。其实比起我们争取补偿，还可以改签机票，但是在这种时候，最好不要轻易退缩，委曲求全。

胡利亚卡啊，胡利亚卡！

要不是有这次“事故”，我们怎么会有机会在这么不知名的小城度过一晚上呢？还奢侈地享受了小城里豪华的四星级酒店。

说因祸得福倒不是指住进这个酒店，而是在从酒店出发前发生的一件小事。前一天在听新闻的时候偶然听到，第二天会出现天文观测史上最大的月亮。在收拾好行李准备出发的时候，我们清楚地看到了大大的月亮。我对同伴们说，我们对着月亮许个愿再出发吧。大家高兴地同意了，还有出租车司机。人类好像特别喜欢许愿，那一瞬间，大家望着月亮，都肃然沉默了。

后来，我忍不住好奇心问出租车司机他到底许了什么愿。他回答说，就是希望每天都顺顺利利。好棒的愿望，真心希望如他所愿，每一天都顺顺利利的……如果我们没有错过那班飞机会怎么样？可能就是上了飞机，戴着耳机看看电影吧。

入境

人到目的地了还不算完。找到托运行李才行啊，这时候行李真是名副其实的负担了。为什么我的行李永远是最后一个出来……有一次，因为这该死的托运行李，搞砸了一次我与家人期盼已久的会面。那时，我在秘鲁做志愿者，为期两年。有一次家人来看我，我怀着激动的心情去了机场，不知道为什么，等了许久，飞机早就到了，他们却迟迟不出来。直觉告诉我，不是手续有问题，就是行李出问题了。果然，他们的行李直接被运到库斯科了……浪费了许多时间跟航空公司交涉之后，我的家人们从机场走出来，脸上并不是我期待的喜悦表情……

和纪录片团队一起出行的时候麻烦更多。在通过最后一道关卡的时候，关税员看到我们的拍摄器材，总是不愿意轻易放行。这次是在秘鲁的利马，在国际机场检查出了行李中的摄像机。摄像机里面装满了他们祖国美丽的风景，但是工作人员才不理这一套呢，他们用充满了怀疑警惕的眼神死死地盯着我。

经验丰富的摄像师说，他们就是故意找茬，想要点小费，再怎么争也没有用的。

“这么贵的摄像机，应该是专业的摄制团队吧？你们有拍摄许可吗？有公文吗？”

想要在南美拿到他们说的许可公文批示，最少得一年之前提出申请啊，就这样还不一定能拿到呢。没办法，只能跟他们打哈哈。

“这摄像机没有多贵啦，还是二手货。我们国家的人结婚的时候都用这个摄像呢，不是多么精贵的。”

最后，我们反反复复地说会把秘鲁拍得很美丽，将这个美丽的国家介绍给韩国人之类的好话，才得以脱身。这都是过去的事了。现在想来，别说是摄像机了，单说装器材的那个大包，样子就足够奇怪了，连我看了都怀疑里面是不是装了炸药之类的……

韩国人的行李中一般会有一些特别的东西。以前经常给住在国外的亲友们捎一些泡菜，不知道现在还能不能带上飞机。看到警犬闻到行李箱散发出来的泡菜味儿（误以为是毒品）的样子，真是非常有趣。

在等待的时候可以画些什么呢?

④

1 背影

2 垃圾箱

3 食物、饮料等

……

闲逛

终于到达目的地了。酒店肯定事先定好了吧，赶快把行李扔到酒店，换上一身轻便的衣服，去外面玩吧。至少留一天，不做任何计划。计划会让人心情急躁。就闲逛一下吧，从这个胡同到那条小巷，心之所想，脚步所向。

SALONE BIGLIETTI

Gare
hotel (1star)
180FF
+ 2bed
per one
Bonjaur!
卫生间在外
Merci
PUBLIC
PHONES → ONLY
CARDS AVAILIABE!
M
'LILLE'
US$ 334 (100)

随着旅行次数的增多，经验的增长，对住宿的要求也越来越高。想想二十多岁的时候，凭着自己不算宽裕的经济状况，还能有机会走出去旅行，就已经觉得万幸，甚至受宠若惊了。有一次，在与比利时接壤的一个名叫里尔的法国小镇上，我们投宿的旅店的阿姨非常好客，性格开朗大方。托这位阿姨的福，那次住宿既安心又开心，就像在亲朋好友家留宿一样。

1998 年的秋天，那时我还是个新手旅行者，连到当地的餐厅去吃饭都会紧张得不行。那天，找完了住的地方，心想剩下的时间做什么呢。后来，我和同行的哥哥一起去最近的麦当劳餐厅，买了一个最便宜的甜筒冰激凌，两个人分着吃完了。当时的经济状况是很窘迫。但是，现在回想起来，当时的我们以谦虚的姿态，怀着虔诚的心情去感受途中的每一件事物，无比珍视旅途中的每一分每一秒——真是最好的时光了。这些时间永不再来。窘迫会带给我们无与伦比的宝贵体验和乐趣。只是，这种体验和乐趣，只有身处窘境而不自知，对窘迫的触觉不敏感的时候才会享受到。一旦认同世俗人们关于“经济窘迫”这一处境的看法，那才是真的处于窘境了。

再怎么陌生的环境，过了一周之后也就渐渐熟悉了。紧张感慢慢消散，甚至突发奇想，要大胆尝试一些别的事情了。想想刚到的时候，还问当地人走夜路会不会有危险，可真是太可笑了。在犯罪高发地带乱逛是绝对不行的。但是，对于从小沉迷于英雄传说的我，“在异国他乡见义勇为，留下一个动人传说”的想法可是个不小的诱惑！

就随便逛逛吧。有可以说说话的同伴最好，没有同伴，一个人也很好。不需要厚厚的钱包，自在轻便的状态才是最好的。即使被小偷偷走了也可以一笑置之，或者能在街角买一个利比里亚式的三明治——带这点儿钱就足够了。在异国他乡装作本地人 = 悠闲地四处逛，我认为这是旅行的最高境界。你说这简直太简单了？是吗，发现一个能勾起散步欲望的城市是件简单的事吗？一整天只散步，其余什么都不做，真像说的那么容易吗？《柏林童年》的作者瓦尔特·本雅明肯定会这么说：“想在城市里迷路，需要好好练习。”

闲逛时，一定不要忘记悠闲地享受一杯咖啡。这张画是十年前画的。那时候，我特别羡慕巴黎街头的一间间咖啡厅，心想要是韩国也有这么多咖啡厅该多好啊。现在，韩国几乎是世界上咖啡厅密度最大的国家。即便如此，我对巴黎咖啡厅的羡慕之情仍丝毫未减。重点并不在于咖啡厅的数量。巴黎的咖啡厅有一种特别的文化。在巴黎，比起连锁店，更多的是街边的咖啡小馆，这些小店的装饰、陈列窗、结帐台、外带台等并没有一定的陈列标准。结账的方式也十分多样，把钱直接放到桌上走人的场景屡见不鲜。音乐太吵，空调太冷或太热，一拨儿客人大声聊天，这些在巴黎咖啡厅难得一见的“西洋景”，在韩国的咖啡厅里已经见怪不怪了。

顾客们会面的方式，可以说是巴黎和国内（韩国）咖啡厅最大的不同。我们的咖啡厅里，经常可以见到有人打开笔记本电脑，专心地做自己的事，或者在咖啡厅里约会。总之，互不相识的人一般不会在咖啡厅里自由地搭话聊天。要发展出这样一个互相交流的空间，“社区”应该发挥先行作用。这样人们的生活才会有所交集，并且自然地认识一些新的朋友。据说，欧洲特有的沙龙文化在巴黎也越来越少见了。世界上每一个地方好像都差不多，社区这个概念正在淡化、瓦解。越是淡化，互相的联系便越松散。现在将这场景画下来，留作记忆，说不定以后还能传统复兴呢。

胡同、街道、行人，要找一个搭配这些事物的动词，肯定是“路过”了。但是，作为一个旅客，你可万万不能随随便便地就经过了那些小胡同。胡同是一处值得逗留的景观。胡同不是城市的配角，它们是城市的主角。现在还有一些书专门介绍世界各地的胡同。可惜，韩国的胡同已经被破坏得很严重了。拓宽城市道路，建造高楼大厦，用最先进的涂料粉刷墙壁。这样一改造，过不了一个月，原来街道独有的韵味就荡然无存了。城市也是有记忆的。在我们国家，走到哪里都是千城一面，不知道是不是出于这个原因，在这样的城市里也提不起作画的兴致了。

胡同对人的吸引力来自哪里呢？到底是为什么小小的一个胡同竟能散发着神奇的魅力？到底是为什么平平常常、一眼尽收的胡同让人看了又想看？想象着胡同另一头的样子，脚步不禁渐渐快了起来。突然想起了以前上物理课的时候学过的一个公式，依据伯努利原理，流体速度加快时，物体与流体接触的界面上的压力会减少，反之压力会增加。将我的经验代入这个定理的话，可以表述为“在胡同里行走，我的脚步越来越轻快”。

胡同是属于当地居民们的，不是属于观光客的。观光客们左右张望着前进，而居民则是低头匆匆走过。如果是氛围阴郁的巴黎城郊——那些犯罪高发地区——估计游客们也不想高高地昂着头从中穿过吧。但是，这神秘的阴郁色彩反倒使我有拿起画笔的冲动了。有的街道虽然危险，但也很想过去，仔细描绘一下它的样子；同样，也有不管治安管理多好，也懒得画，甚至懒得抬头看一眼的地方。想画或不想画的原因非常简单——这取决于这条胡同是历经了时间的沉淀，还是被人全部推倒又翻新过了的。在巴黎的胡同里静静驻足，能感知到数百年前经过此地军队的脚步声，能闻到革命时期血腥的味道。当然，这些都是错觉罢了。面对这些唤起了灵感的胡同，怎么能压抑住内心创作的欲望！

我们国家的胡同激发不出人的想象力。我们一直以来过于偏好新的、干净的、整洁划一的风格。有一个地方火山爆发，整个城市几乎被烧成了灰烬，只有一条小胡同经历了火山爆发和之后的地震，却奇迹般的幸免于难。这条胡同的名字叫做“Pasaje Jose Olaya”。附近的居民们决定将这条小路作为特殊保护区域，以后将一直维持它的面貌。殖民地风格的楼台、双层门、窄窄的石头路、土城墙……走进这个不足百米的小胡同，就好像进入了一个电影棚一样（虽然这比喻有些别扭，但事实的确如此），像能呼吸到另一个时代的气息。这样的小路因保留了记忆，便自然有一种力量，使到访的观光客心生敬畏。

OLAYA.
HUARAZ 2012

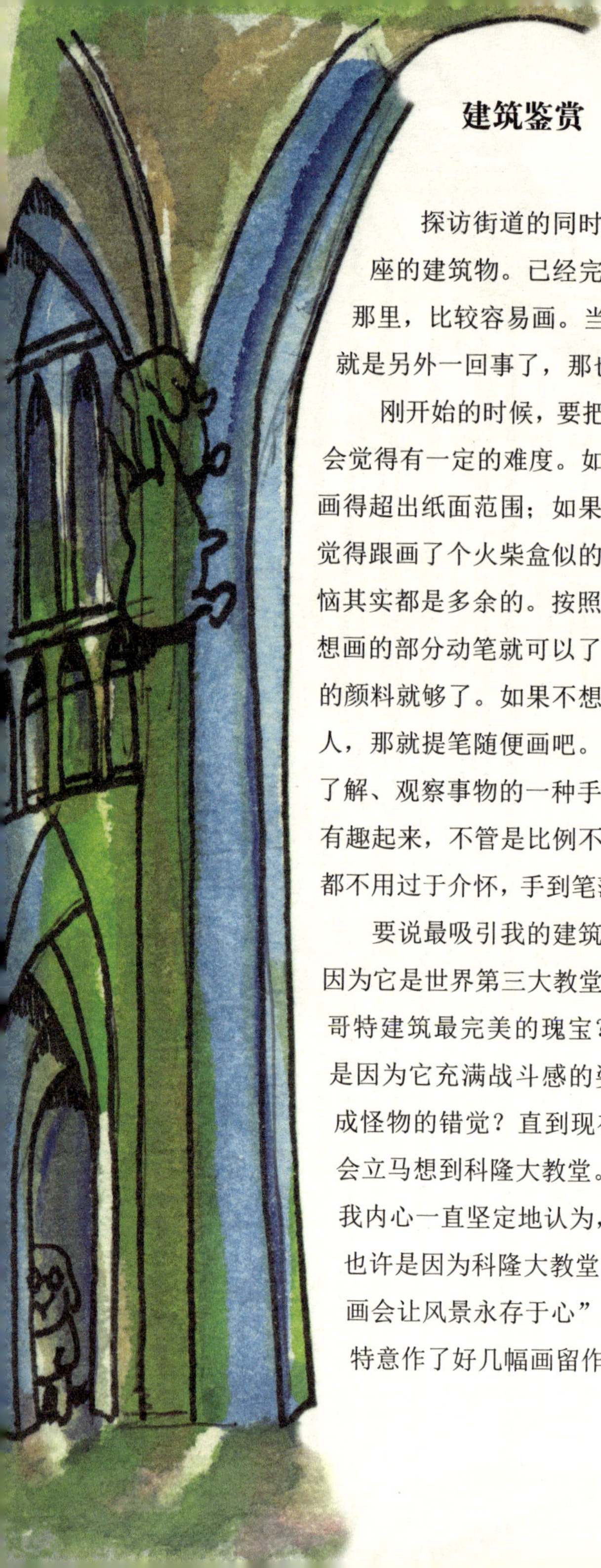

建筑鉴赏

探访街道的同时，也可以观赏到周围一座座的建筑物。已经完工的建筑物静静地矗立在那里，比较容易画。当然，要想画得十分精确，就是另外一回事了，那也不是作画的目的所在。

刚开始的时候，要把一座大建筑物搬到纸上，会觉得有一定的难度。如果从细节开始画，一般会画得超出纸面范围；如果只画一个大概框架，又会觉得跟画了个火柴盒似的，没有什么内容。这些烦恼其实都是多余的。按照建筑物的样子，选取自己想画的部分动笔就可以了。至于颜色，选随身携带的颜料就够了。如果不想成为建筑物速写界的第一人，那就提笔随便画吧。毕竟，画画只是帮助我们了解、观察事物的一种手段而已，画画让过程变得有趣起来，不管是比例不对，还是形态有所出入，都不用过于介怀，手到笔落，随心情而画就可以了。

要说最吸引我的建筑物，就数科隆大教堂了。因为它是世界第三大教堂？因为它被评价为中世纪哥特建筑最完美的瑰宝？因为其无比的雄壮？还是因为它充满战斗感的姿态，甚至让人有马上变成怪物的错觉？直到现在，一想到欧洲，我还是会立马想到科隆大教堂。在画科隆大教堂的时候，我内心一直坚定地认为，它就是欧洲的代表形象。也许是因为科隆大教堂印证了我的观点——“画画会让风景永存于心”，这使得我尤其偏爱它，特意作了好几幅画留作纪念。

“끝없는 계단”
KÖLN
DOM
8
36°
200M
COLONGE

Köln

Köln
Dom

如果已经到了这里

记录一下旅行前的心情，

画画人群，

画画机场里人们的背影，

在咖啡厅里面坐着，

画画咖啡杯或者对面的建筑物。

首先，画画旅行有了一个成功的开始。画这些就足够了。画完了这些，即使别人不说，自己也会想继续画下去了。

画家古斯塔夫·克林姆有一个习惯，每天早上起来，他都会穿着像修道士一样的一身旧衣去散步。如果散步的时候有了什么好的构想，他就会拎起在地上拖着的旧袍子，急匆匆地赶回家去。可能是怕晚了一点儿，灵感就不翼而飞了吧。伦勃朗·哈尔曼松·凡·莱因每天晚上睡觉之前，都会把一天所经历的画下来。即使是非常平凡的小事也是如此，就像日记一样。这些图画日记并没有向世人公开，已经遗失的画作也不计其数。不管怎么样，正是大师们这一本本记录生活的画簿，才催生了日后一幅幅的传世佳作。

画不出来的时候

研究大猩猩的动物学家珍妮·古道尔曾经说过：

“有一次，我给一只大猩猩画了一个球形的图案……”

就是像这样画的

严格地说，它的形象更像是一个运动中的球

——是不是能引起人的联想

所以，画画不一定要画得像，只需要画出感觉，画出想法，总之，可以随心所欲地画！

例1）有时候，我看着人们就像一只只的大蟑螂

那么，直接画成蟑螂就好了

例2）有时候，人可能看起来是这样的

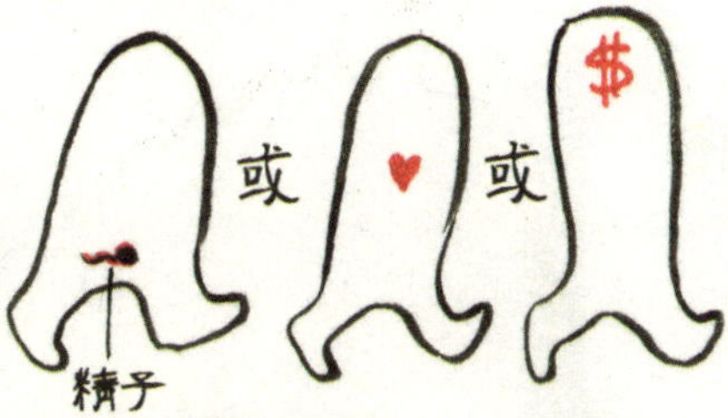

总之，只要随意地画一下，自然就会出来不同的韵味……

提问：即便是这样，还是画不出来呢？

→ 那么，不用觉得有负罪感；兴致来了，再提笔就行了啊。

loro

懒懒散散

旅途中累了烦了的时候，就找一个理由赖在床上吧。有人觉得住所没有多重要，我却为了选择一个舒适、有韵味的可心住处，做大量的比较分析，并乐此不疲——即便最后跑得腰酸腿疼，即便为了省出来住宿费，把一分钱掰成两半花。对于我来说，住所是一个非常重要的游乐场。

品味你的住处

可能你会觉得诧异吧。不就是这么一块安身的地方吗，至于跑那么远找来找去的？每个国家的房间是不一样的。能在别人家里住上一天，哪怕只有短短的一天，也是一次多么宝贵的经历啊！并且，在那儿可以做太多事了！难道只有四处观光才算是旅行吗？

旅途中的住处是最容易开始画画旅行的地方。画一下房间吧。虽然各个房间看起来大同小异，但仔细观察，会发现都有各自的特征。画房间拥有许多方法。就像旁边这幅画一样，我当时坐在床上，可以从这个角度看着房间开始绘画，

BOLIVIA, MACHA.

也可以想象着从屋顶往下看，

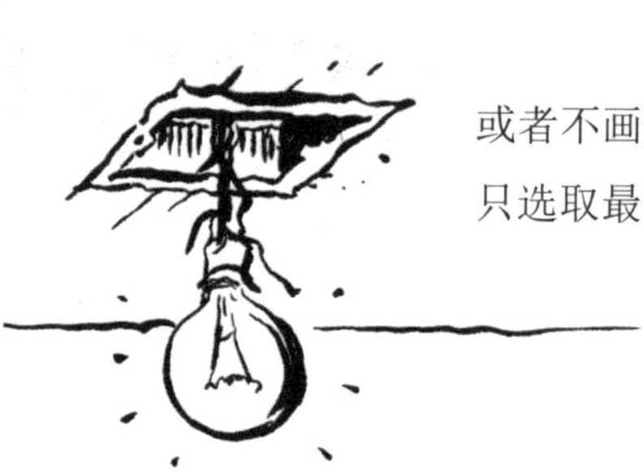

或者不画整个房间，
只选取最让你印象深刻的一个部分，

或者将房间想象成一个舞台，画出一个正六面体，

然后再添加各种细节。

给画上色也十分有意思。在巴黎的时候，我住过一个颜色很特别的房子，叫作“粉红屋”。最开始学着上色的时候，尽量避开灰色、褐色这种感觉比较沉重的暗色，而应该选择粉色、红色或者黄色等比较亮丽的色彩。但是，就像旁边这幅画一样，粉色只有在灰色和褐色的衬托下，才会显得越发有光彩。如果全部使用亮度很高的色彩，整幅画的色调会显得轻浮，或者幼稚。当然，如果偏好这种风格的话，那是没问题的。

记录随想

还可以在画作里面加入一些语句。我经常会在画上写一些句子，因为我觉得这样可以使空洞的场景变得更有趣，而且还可以揭示出彼时的一些内心感受，这些是画面表现不出来的。高中的一位美术老师却曾经告诫我们，在图画中，绝对不能掺杂任何字迹，除了落款签名之外。否则会降低画的格调，并且还会大大缩小观赏者的想象空间。我承认他说的有一定的道理。但是，教育别人绝对不要怎么做，本身就是一个错误。不必要的禁忌只会使人畏首畏尾。并且，仔细解读，这句话也不完全是对的。有字的海报仍然可以被称为佳作，好的作品不一定必须有非常广的解读空间。而且，观察我们的传统绘画可以发现，“诗书画”这种画中有字的作品很传统，我们没有权利说这种作品缺少格调。问题在于要在画上加入什么文字，文字要怎么排列，而不是“绝对不能怎么做”。如果听了那位老师的话，那我至少有一半的画压根儿都不会问世了。

Dreaming
in a
Pink room

B & BREA
in con

要说我住过最喜欢的地方，那便是英国坎特伯雷的“床与早餐”（Bed & Breakfast）了。虽然坎特伯雷以《坎特伯雷故事》而有名，我对此处最深的记忆却是当时的住处。房间有一种天然的亲切感，就好像我曾经来过这里一样，只是静静坐一会儿，愉快的回忆便一齐涌上心头。

一个人为什么会被一个地方如此吸引呢？用我的小说《空间的妖精》里面的说法，如果在自己喜欢的空间里面熟睡，人和空间便会生出一个空间的妖精。不管你信不信，如果住到了一个满意的房间，那在房间里面待满一整天，仔细品味每一个角落也是不错的。品一杯上好的咖啡，想象着这个房间里面的记忆，不知不觉便会进入甜蜜的梦乡……但在熟睡之前还有一件事！那就是……

到达莫斯科的第一天晚上
在酒店的
房间里，
读着
略萨
的
《叙事人》
直到天明。

愉快地阅读

睡前阅读

我在家里总是静不下心来阅读。如果你也是这样，那在旅途中可是个读书的好时机。读几页书，然后舒服地进入梦乡，这心情比看名胜古迹时更喜悦。如果推荐三位适合睡前阅读的作家的话……

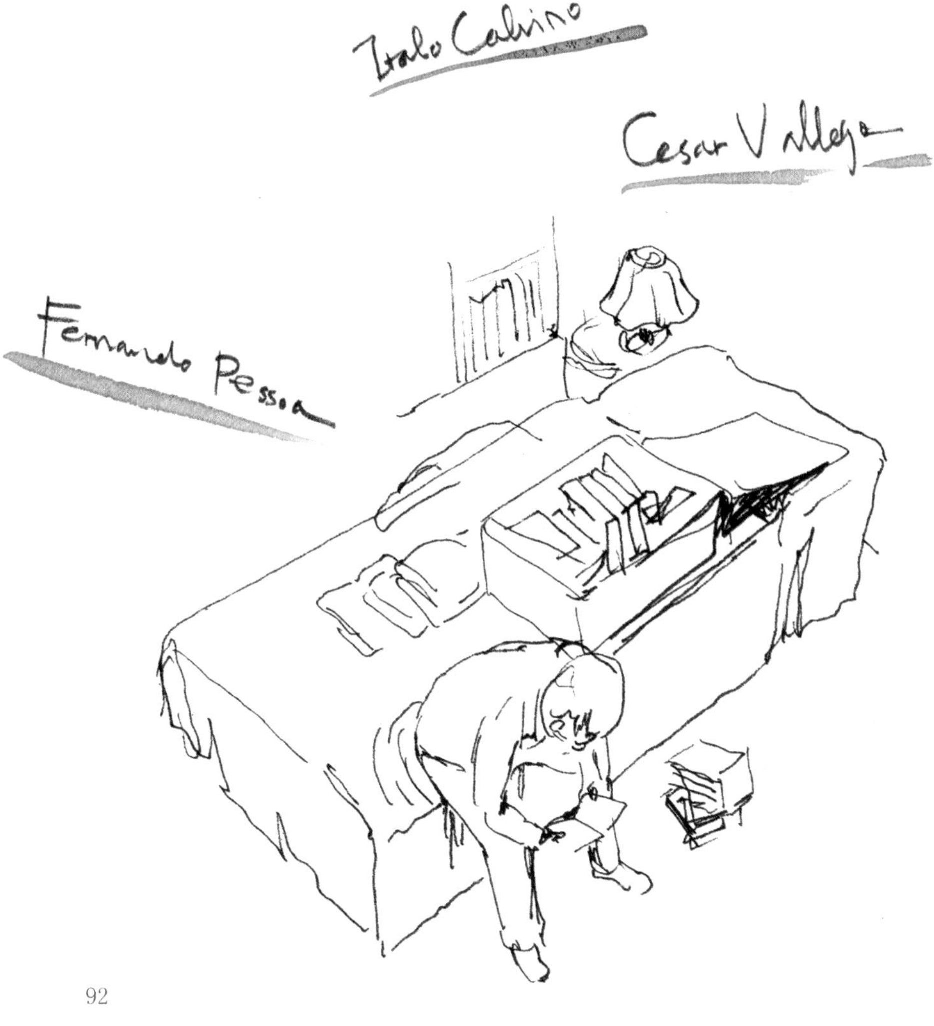

伊塔洛·卡尔维诺（Italo Calvino）
意大利小说家。
拥有世上最独到的视角。
对他来说，选什么素材并不重要。
在他开始观察的那一瞬间，所有的东西都变得特别。

塞萨尔·巴列霍（Cesar Vallejo）
秘鲁诗人。
现今世上，大多数作家都为读者提供着许许多多廉价的安慰。
而他不同，
他为世人带来真正的安慰，
他是诗人中的诗人，
朋友中的朋友，
人中之人。

费尔南多·佩索阿（Fernando Pessoa）
葡萄牙诗人，随笔家。
他写的日记，是我所见过的日记中最深刻，最美好的。
剔透、伤感、温暖、孤独。一个人。

心里躁动的时候，就到房间外面走走吧。
说不定外面就有这样一个小院子。

'mi hogar'
Av. El Sol 116, Barranco. Lima

Avenida el Sol #116, Barranco, Lima. 2012/5月

说不定，有这样一个小孩在院子里面玩耍。

我在玻利维亚一个叫“马查”（Macha）的村子的民宿里遇到了这个小女孩，她叫卡罗丽娜。

还得继续说我们的画和字（沉浸在旅行的自由里，时不时说话没头没尾的，希望大家能原谅我这个毛病）。就像前面提到的，我热爱画画，同时也喜欢文字，所以经常会在画上留下几行字。也许我向大家推荐的不是单纯的画画旅行，而是加上文字的“画画日记”。就因为在画上留字的习惯，我成了一个“绘图小说”作家。大家一定很想知道到底什么是绘图小说吧。事实上，绘图小说并没有一个通用的体裁、格式。之所以叫它绘图小说，是为了与漫画区分开来。不是我讨厌漫画，事实上，如果读者将我的作品当作漫画来读，大部分人都会感觉很失望的。我的绘图小说里，不怎么会使用泡状对话框，或者是分隔栏，形式比较自由，可读性也会相对降低。不是以某个人物为主角，讲述一个非常精彩的故事——绘图小说更像是一种气息缓慢、富有色彩和情怀的作品。换句话说，想读一本绘图小说，便不能期待太多精彩的故事情节，否则就品不出其趣味了。并且，我认为，这种游记比起普通的文字游记，注重的不是在特定的空间，有什么可以做的、可以看的、可以吃的——这种具体的旅游信息，它强调的是旅行的一种态度和方式。还有一个我进军“绘图小说”领域的原因。我小的时候非常喜欢读小说，但有一点让我实在无法忍受——就是小说里面出现的过于详细的空间描写。比如说下面这一种：

……从院子里面穿过去，就是公寓了。小小的院子，是彼得堡的风格，又小又冷，被紧紧地夹在了七层高的石头建筑中间。院子让人害怕，看不出什么颜色的污水桶里散发着臭气，真是太脏了……

如果描述冗长而繁琐，就会让人越读越觉得无趣。经常会觉得因为这冗长的描写妨碍了我的想象，便直接跳过去了。人物描写也是如此。如果我要创作故事的话，一定要做得与众不同，我暗自下了决心。可以画出来的就用图画，画不出来的就用文字讲出来！

如果你的房间里面没有书桌

那就在床下蜷曲着双腿，摆出祈祷一样的姿势来，
全身心放松，十分有趣，感觉身心都沉静下来了。
但是，要格外小心，别让颜料洒在衣服上，要不然，
再搭上一笔洗衣费，可就得不偿失啦。

像傻瓜一样

丢了
路，钱包，护照，机票。
忘了
时间，地名，还有谁的名字。
错过了
巴士，火车，飞机。
埋怨
自己，自己，还有自己。

42

平淡的玩笑

画里面左边的人物是许久没有登场亮相的妈妈。右边是谁呢？是那个自诩非常了解伦敦的我吗？我也希望如此，可答案是否定的。我拿着地图，装作在看路的样子，其实是在开玩笑。手中是一幅世界地图，不是伦敦地图。当时在街上徘徊着，所有人都感觉有点烦躁了，妈妈也没有心情听我开玩笑了。

我一直非常得意于自己的空间感。但有一段时间，每当我走到岔路口，需要直觉判断该走哪条路的时候，最终总是选择错。既然这样，按照直觉，选另一条怎么样呢？试过了，也不行。不管我怎么盘算，最终一定会走错。每当走错了的时候，我只好安慰自己“还好，就当是运动了嘛”。这时候就会觉得，幸好我还算四肢发达，经得起折腾。眼神好的人可能发现了，旁边的图中，我的腿可是像足球运动员一样肌肉发达呢。

迷路，又迷路

跟特别认路的人在一起，假设跟我哥这样的人一起出行的话，所有的事情都会变得非常简单。我可以什么都不想，把自己调成“被动”模式，跟着他走就行了。既然已经把权力交给人家了，按理说就不应该再没头没脑地干涉了，但是有时候也会非常郁闷。我的确做到了尽可能地信任他，但是当他怎么也找不到路的时候，我都会暗暗地想，是不是该我出马了啊。

有一次在比利时的布鲁塞尔，事先没有查好资料，怎么也找不到我们想去的漫画博物馆，在相同的街区来回转了好长时间。最开始我非常自负地抢过了哥哥手中的地图，在前面带路（左下），没想到走错了路（右中），最终兜兜转转又回到了原点（左中）。

当然，最后还是把主导权（还有地图）交还到了哥哥手中。所有的事都是如此，在旅行中，最聪明的态度就是承认自己的不足，找到可以弥补的方法。还有，既然相信了别人，就一定要相信到底！

搭便车旅行

去过意大利旅行的人大概都知道，如果在意大利迷路了，即使会英语也没什么帮助。在大城市迷路还好说，如果在郊区迷路，那就没辙了。

上大学的时候，我曾经跟人去意大利背包旅行。意大利人有一种特别的傲骄感，好像即使他们对人冷冷的，这个国家的旅客也不会因此减少，所以他们就这么一直酷下去了。遇到这么多酷酷的市民们，以及小偷和横冲直撞的摩托车党之后，我们平平安安地结束了纷纷扰扰的罗马城之行。我们的酒店在城郊，返回酒店的时候，同行的姐姐记不清回去的公交车了。“我知道啊！肯定是这辆，就跟我走吧！”我冲姐姐喊道。我的直觉又一次骗了我。

车窗外是我从没见过的风景，报的站也是我完全陌生的地名，直到司机师傅说终点到了，我才不得不承认我迷路了。我多希望姐姐干脆痛骂我一顿啊，这样我心里还好受点。可是她什么都不说，这沉默反倒使我更加战战兢兢了，她可真是个高手啊。最后，姐姐提出了一个方法：搭便车回去。

在迷路的那一个傍晚，
我又重新感叹，
我是这个世界上
多么微小的一个存在！

尝试拦了几次车之后，我彻底灰心了。估计司机换成我，也不愿拉一个路边的大块头外国男人上车吧。我这个人的存在，好像是专门制造障碍的。最后，姐姐让我躲在路边的草丛后面，终于艰辛地拦下了一辆车。

司机是特立尼达和多巴哥国的一个大姐，看起来四十多岁。她性格洒脱，整个人仿佛有一种特别的风采。我终于理解了因为对一个人有好感而爱屋及乌，甚至喜欢上他的国家的感觉了（当然，讨厌一个人的时候也一样）。快到目的地的时候，我们终于没忍住，问她为什么敢在大半夜载陌生人上车。她不以为然地笑笑，说自己年轻的时候也曾经像我们一样迷路过。迷路的时候，有一件事是明确的：原来我们是互相支持、互相帮扶着而生活的啊。

GET FIVE LOSE O

惨痛的遗失

相机本来就是比较贵重的东西，况且，相机里的照片都很珍贵，丢了就再也找不回来了。所以，可以说最需要看管好的东西就是相机了。在英国的海德公园里，和家人们一起度过悠闲的时光，看着来来回回的绿头鸭和青鼠，真是可爱极了！等从公园出来，走上人行道的时候，我们一家才仿佛从白日梦中醒过来。我和哥哥同时想起，我们没有任何一个人专门看着相机，意识到这一点后，我们不约而同地向公园跑去。一边跑还一边想：别担心，怎么说也是绅士国度嘛，刚刚过了五分钟，应该还在的……

但是相机已经没有了，一起丢失的还有相机里面那么多美好的回忆。平时，父亲就对物品的保管特别小心，那天不知怎么的，他却没有发火。他只说了一句话，让我回忆至今。他说，东西丢一件就算了，注意别再丢三四五件就是了。然后，我们全家在这么和睦的气氛下一起去吃饭了。是的，出血的时候，赶紧止血才是最重要的。看着血流不止，伤心懊恼，最终可能会威胁到生命。后来，我和哥哥想起那天我们跑回公园找相机的情景。那天最终意识到相机丢了的时候，那一刻，我和哥哥都觉得公园里那些绿头鸭和青鼠就好像在看我们的笑话。

万幸的是，直到现在我还没有丢过画册。可能是因为平时在打包行李的时候格外小心，一直把画册放到最重要物品的一类；当然，也是因为运气好。旅行时画的画和拍的照片不一样，实在是难以备份，因此要小心再小心。画出了不错的画的时候，也是生怕损坏了或者丢了，一直特别费心思。

有些物品承载了人们平时劳动和努力的精华。比如说，笔记本电脑、相机、胶卷、速写本、手册、原稿纸等，不管是什么，只要听到有人说丢了这些东西，我的心就会一沉。（当然，人还安全就算万幸了。发生意外，伤及生命或者健康，这是我想都不敢想的。）

如果丢的东西承载了某些记忆，那记忆越是珍贵，越是独一无二，失落感便越让人不可承受。我还没有亲身经历过，就觉得实在是太难过了。可能等发生到自己身上的时候，连仔细回想的精力都没有了吧。所以，那些克服失落感、重新开始的故事才那么令人感动。我曾听说过一个探险队的故事，他们结束了探险，带着拍摄的影像资料返程的时候，船沉了，拍摄的胶卷也全都被水浸泡了。不知道后来他们是怎么办的。能复原数据，还是再回去拍摄一次，或者是直接放弃了这次探险，转战其他的方向？不管他们是否克服了这次困难，最终取得一些成果，我都对他们表示敬意，还有那些有过类似经历的人们。

有一项研究结果表明，遇到挫折的时候，如果有人陪着一起悲伤、哀悼，会有一种治愈的效果。如果没有人一起承受，那挫折最终会变成创伤。一般来说，旅行总是和失误、错误、后悔以及失落如影随形的。在旅程最后，美好的记录还完好保存着，我们还可以欢笑着诉说旅行中的故事，就已经很幸福了。

在旅途中可以做的五件“傻事”

1）用笔记本记录世界各地的风景

如果带一堆笔记本（画册）出去，可能一本都画不完就又带回来了，反倒会成为行李的负担。

所以，推荐只携带一本喜欢的画册，（如果真的画完了，推荐在旅行的当地购买。）

2）倒掉墨水

不管瓶盖拧得再紧，用塑料袋包装得再好，墨水还是会洒出来。

不管瓶盖拧得再紧，用塑料袋包装得再好，墨水还是会洒出来。旅行中，这种麻烦事儿还是能省就省吧！推荐携带彩色铅笔、马克笔和各种水笔，不推荐用吸墨水的画笔。

3）非得“加点料”不可

为了搞出点在“旅途中”的感觉，非得洒一点咖啡在本子上不可，或者是明明手边有画册，却故意在纸巾上作画。（换一个角度说，这些行动的确也是蛮有趣的，但是既然是自己的画作，不管怎样都是保存得干净、整洁一点为好。）

4）盲目的占有欲 ←$\frac{1}{\propto}$→ （5）过于搞慈善事业了

最好的傻事！

有时候给别人画画，自己画完觉得很满意，所以就特别想带走。这样做的话，以后是会后悔的，画作拿来与人分享才是最好的。

兴奋之后

和小偷搏斗，遭遇种族歧视之后勃然大怒，被骗子纠缠……
为了适应说话不算数这种所谓的“文化”，身心俱疲。
当躺在床上翻来覆去睡不着的时候，通过画画来平复自己的心情如何呢？
把讨厌的人和愤怒的事当作燃料，点燃自己画画的热情吧！

BRAZILIAN 'KILLING' BIRD
THESE FILM-MAKERS!
MADE IN SWEDEN

自负

如果当时的情况再糟糕一些，可能我日后就不能像现在一样笑着回忆了。经常外出旅行的人，大多都当过以游客为目标的犯罪活动受害者。我曾经遇到过几次小偷，他们把手伸到口袋里，那毛骨悚然的触感到现在还记忆犹新。虽然说谁都不愿意遇到这些事儿，但是回头仔细想想，如果当时不是那么自负，多些警惕的话，很多事都是可以避免的。

在秘鲁的首都利马有一个展望台，相当于首尔的南山塔吧，就坐落在利马的市中心。这个地带，大大小小的犯罪活动从未间断，不仅是外国游客，就连当地人经过的时候也十分小心。展望台所在的地带周围几乎都是贫民窟。别说是游客了，当地居民也都是绕着走的。去展望台的游览路线是乘坐大巴上山，然后参观游览，再坐着大巴下来，中间不会有人下车。

我和朋友自认为对利马很熟悉了，正跃跃欲试地想摘掉身上"新手"一样的标签（这时候也是最容易掉以轻心的时候）。我们带着从韩国来的朋友外出游玩。我们玩得很开心，但随后问题就来了。刚刚乘车上展望台的时候，除了贫民窟，路边的风景还真是不错，看起来挺安全的。反正天还亮着，还有两个大男人在呢，我们决定一会儿徒步下山。那就走回去吧，顺便还可以拍几张照片。

我这么一提议，所有的人都表示赞同。刚开始，我们还充满了警戒心。走到人比较少、看起来挺安全的一个地方，从韩国来的一个朋友拿出相机开始拍照。贫民窟有一种特殊的异国情调，想多拍几张照片也是自然的。街边晾晒着各色的衣物，朋友举起相机拍下了这独有韵味的街边一景。“啊，真漂亮。看着颜色……”朋友不禁连连感叹道。就这样，我走在前面，朋友在后面拍照，另一个朋友在后面跟着我们前进。

走了大概十分钟，突然从后面传来一阵响动。一个男子从胡同里突然窜出来，要抢我朋友手里的相机。看到这一幕，我条件反射一般地向他跑过去。经过一阵厮打，我把那个男的推到了路边。不知他是喝醉了还是吸了毒品，晃晃悠悠的，站都站不稳。所有的事情都像在一瞬间发生的，总不能让他以为我们太好欺负，我高声大喊，想震慑他一下。人渐渐地多了起来，我们得赶紧走了。朋友刚刚被抢相机的时候，相机的挂绳在他的脖子上勒了一道印，除此之外，倒也没什么大碍。就这样，我们焦急地迈着碎步，又强忍着想跑的心情（如果跑了，怕对方以为我们胆怯而追上来），一路到了市里。如果那个男子拿着凶器的话……真是想想就害怕。在回来的路上，我们一句话也没有说。我们都清楚自己真的做错了。古希腊人对悲剧有着独到的见解，他们认为，悲剧的起源只有一个：Hybis，就是“自负”的意思。我们今天也验证了这个悲剧的模式。这次我们比较走运，躲过了危机，可是这种幸运很难不会再有第二次。

草率、偏见

我曾经在南美生活过，也有很多南美的朋友，因此，一些对于南美人的偏见，我不是很赞同。比如说，一般人都会觉得南美人的时间观念很差，这就是偏见。现在社会风气不像以前了，很多外国人一心认为南美人赴约肯定会晚到，所以自己会晚一些出门，这样，最后反倒是外国人迟到了。可能是因为经济不景气，也可能是受全球化的影响，南美人现在也像我们一样，每天忙碌地生活，有时候，我真怀念以前南美特有的悠闲。但是有一点我是认同的。不管世事怎么变化，在南美，如果时间计划安排得不留一点回旋的余地，那肯定是要付出代价的。

厄瓜多尔的古都基多被联合国教科文组织认定为世界文化遗产，每天游人如织，可以说是个国际化的大城市了。下面要说的这件事，如果是我的话，绝对不会这样做，我们的小伙伴们实在是太不把南美人的习惯当回事了。有一次，我就走开了一会儿，同伴就把衣服送到干洗店去了，然后跟店主说好了第二天一早过来取。本来第二天一早要赶车，哪有时间去取衣服！我听说以后，有一种不祥的预感笼罩在心头，赶紧给干洗店打电话。可惜，店主已经下班了。下班倒是相当准时啊！经过一番周折，终于要到了店主的手机号码，打通之后，千叮咛万嘱咐：我们明早要赶车，请一定帮忙让我们明早可以拿到衣服，拜托了！晚上睡觉的时候，我还是翻来覆去放不下心。

果然不出所料，第二天一早，马上就到出发的时间了，赶到干洗店，大门依旧紧锁着。打了无数次电话，终于接通了。店主大姐说，现在正在路上呢，可惜今天路真是特别堵车啊！约定的时间已经过了。按捺不住焦急的心情，过了十分钟，又给店主打了一个电话。马上就到了，就快到店门口了，就这么说了好几遍之后，店主终于在四十分钟之后微笑着慢悠悠地赶到了。没时间发脾气了，付完钱，我们拿着衣服赶紧奔向了车站。最终在车快开动的时候，我们赶到了。想想那天被吓得一身虚汗，真是觉得有时候对游客而言，偏见也不是全无道理的。

CALAÍS

撒气

我个人是个非常容易冲动的多血质，所以，我好像没有资格劝别人，遇到烦人的事，千万不要生气。作为作画者，我倒是有一个小贴士可供参考。旅行中遇到一件件细碎的烦心事的时候，这个方法有非常好的效果，就是“用画画来撒气”！那是在我乘轮渡从法国西部的卡利斯到英国的多佛尔时发生的事情了。那天港口和天气美得就像一幅画一样，可是……

迎着惊涛骇浪，在轮渡里面静静地坐着也成了一种煎熬。

我们正觉得难受的时候，一个大块头的外国人走过来，提出了一个非常不合理的要求。他说用一下我们的信用卡！这像话吗？分明看我们是外国人，过来骗我们的！

这种可恶的人！我要惩罚你！看你悔改不悔改……！

即便如此，看到外面的美景，还是觉得心里畅快了很多。

当我们结束这痛苦的航行，到达多佛尔港口的时候，天空中下起了大雨。我和哥哥漫步在人迹稀少的港口城市，迎着风雨，寻找去坎特伯雷的火车。大约晚上的时候，到达了住处，我画了一幅画来泄愤。看着这幅画，我们咯咯地笑了大半天。和身边的人一起看着画大笑一通，真的能赶走坏心情啊。

"画画发泄法的小贴士"
既残酷又毫无人性的
图画刑罚
蚊虫叮咬刑
死刑？
监禁
火刑
图画刑罚
我错了！
五十大板伺候！
唉……
就这样，如果火气下去了，
这些图画就可以撕了或者揉成一团，
扔到一边。
完事。

PERÚ

像从没发生过一样

为一些小事开心地笑吧，
来一场漫无目的的涂鸦吧，
尽情地想家吧，
收集一些没用的奇思异想吧，
沉浸在小小的趣味里吧。

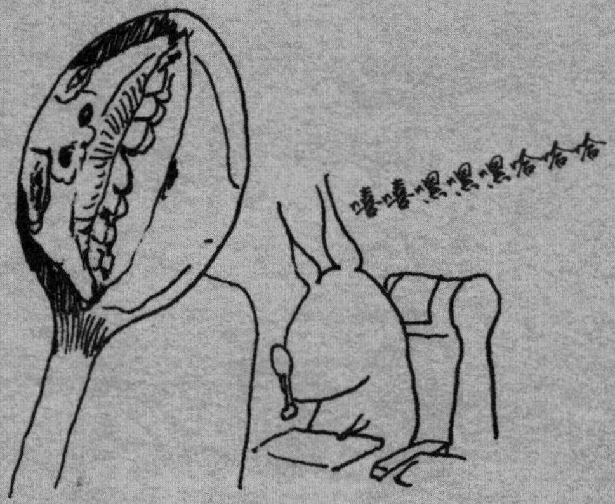

坐飞机无聊的时候自己玩吧，

自己玩耍打发时间。

致哥哥：
我现在正在某某著名风景区的
一家桑拿房里面。

结束了一天的疲惫，正在享受
这美好的休息时光。
真是惬意得很啊！哥哥你有没
有感受到？

悠闲地泡着温泉，

给在韩国忙得不可开交的哥哥写一封信。

哥哥在印度尼西亚的时候腹股沟得了湿疹，我学着他的样子走路。

在严寒的德国，坚持要亲手做意大利面吃，在严寒里吃力地压面条。

惊讶地发现生态保护区里竟然连一棵草都没有。是原本就是沙漠呢，还是只是为这个地方起了这么一个生态保护的名字？

不要因为这里是空白的
就觉得不舒服。

不是非得在纸上
写什么东西不可，
不用有什么压力。

什么都不画。

旁座的魔术师

秘鲁的皮乌拉是以美丽的海岸和冲浪闻名的海滨城市，我们正在去那里的路上。旁边是个空位，为了坐得舒服一些，我把自己的行李放在了这个空位上，不料开车之前，一个小伙子突然上车来要坐在旁边。他身材精瘦，脸上有几处很小的伤疤，就像刚吸过毒似的，浑身透着一股散漫劲儿，但是不知怎么的，他的眼神很亮，透着一股特别精神的劲儿。他介绍说自己是个魔术师，我含糊地答应着，不知道有没有听错。

小伙子一直跟我搭话。本来我很认真地在读一本小说，突然听到他说自己是从巴拿马来的，一下就勾起了我的兴趣，跟他聊起天来。他说自己是一个很有名的马戏团演员，不是秘鲁人，是巴拿马人，这次结束南美的巡演之后，来这里度假，觉得很无聊，想在这个大巴上表演一下他的绝活，正好欧洲的巡演也快到了，就当在车上练练手。

听起来像在吹牛。既然他这么有名气，那怎么打扮成这个样子，还想在这破旧的大巴车上表演赚这么几毛钱呢？我尽量隐藏起自己不以为然的神色，悄悄问他：那，应该能赚不少钱吧？

“反正，还算可以吧。”

话音刚落，这个小伙子就站起来，向整车的乘客或者说是观众开始打招呼了。

“各位先生女士们，大家好！现在就是请大家一起来见证奇迹的时刻了。”

他的表演开始了，我几乎要怀疑自己的眼睛。一切都在我眼前发生，我却怎么都不敢相信。他把一张报纸揉皱、撕碎，再揉在一起，展开后却是完好无损的一张报纸。虽然我瞪圆了眼睛，看着这一米之内发生的一切，却还是无法相信！不只是这个，在报纸上洒上水，却不留一点痕迹；把乘客的眼镜藏起来，却在另一地方找到了；把一个东西变没了，又从乘客的口袋里面找到了。如果这些都是骗术，那骗术和魔术到底有什么不同呢？这个人的手法到底好到什么程度呀？一个在大巴车里表演的魔术师居然有这么高的水准！难不成，他之前不是在吹牛？他真的是进行巡演的高手，甘道夫那样的“魔法师”？看他在大巴车里接受别人的小费，微笑致谢的样子，虽然没有甘道夫的威严，但的的确确惊艳到了我们，几乎让我们开始怀疑这么多年来所学的物理知识。是啊，魔术就是这样让我们不可置信的。我怀着尊敬的心情要了他的一张名片。果然，名片也非常有范儿。

温暖的

有的人旅行会关注路上的风景，有的人则会关注遇到的人。在异国他乡的旅途，一段偶遇的缘分，其实和语言能力没有太大的关系。为路上的有缘人画一幅像，送给他们作为礼物，一定会被珍藏很久很久。这是什么都无法替代的那次见面的纪念。

在秘鲁的八个晚上
Ocho Noches en Perú
金韩民
Hanmin Kim

孩子们

虽然我写童话，但是我并不是非常喜欢孩子们。确切地说，我只喜欢一类孩子：安静的孩子，懂事的孩子，自己玩得很好的孩子，不用大人帮忙，自己用心做事的孩子。我最喜欢这样的孩子了。有趣的是，我去南美之后，甚至在街边都发现了很多这样的小孩。在秘鲁的时候，我在山路上碰到了两个孩子，背上背着一块大木头。

我问他们，我是否可以掂一下这块木头。在图上看不出来，其实这块大木头还没有完全干燥，里面有很多水分，相当沉重。两个小孩是兄弟，正在去上学的路上。在我小时候，也曾经有过这样的经历。学校让我们收集一些废品，我就背着沉重的废品袋子去上学。每到学校要求收集废品的日子，学校门口就停满了小汽车，全部都是家长用小车载着孩子来上学的。我看着他们，既羡慕又有点不以为然。说实话，我不知道学校为什么让我们收集废品，只知道带得多，老师便会称赞我们，所以便吃力地背着一大包去上学。但这孩子和我不同，他们非常清楚地知道老师为什么叫他们这样做。因为他们要在学校吃午饭，但学校没有柴火，所以要从家里带去。

我不禁觉得学校的做法实在不妥，可是孩子们反倒没觉得怎么样，脸上仍然是淡然满足的表情。我问他们是不是太重了，哥哥说，两个人是换着背的，并且自己是哥哥，尽量让弟弟少背一会儿。我不禁感叹这孩子的懂事和成熟。我们马上就要在路口分别了。我们互相道别，我把背了一会儿的木头还给他们，哥哥以非常熟练的动作把这块大木头背到了肩上。

据说，史蒂夫·乔布斯是因为看到孩子们上学背的书包太重了，所以产生了开发 iPad 的想法。父母用车接送，仅仅是到学校门口背一会儿的书包都觉得太重了的话，那么，看到这些走了几千米山路，不仅背着书包，还背着沉重柴火的孩子们，为了他们，我们又应该发明一些什么呢？

显然，将网络普及到第三世界国家，缩小发展中国家与发达国家间的技术发展差距是非常重要的一个课题。但是，世界上所有的孩子都手握着电子通信产品，好像也并不是一件好事。当然，第三世界国家的孩子们也会迷上游戏机和 iPad（现在大城市里面的孩子依然如此），至少我遇到的一些孩子里面，还不了解这些尖端科技产物的全都是自己发明游戏的天才。我真心希望他们的这种天赋不要被游戏机或者网络所吞噬。他们才是我们纯真的老师呢。

厄瓜多尔北部的一个小村庄乔塔，以轻快而节奏感强的黑人音乐邦巴而闻名。从那里的孩子身上，我特别能被他们的天赋感染。这里的孩子接触不到网络，但是他们仍有非常强的自己发明游戏玩耍的能力。他们会把废弃的轮胎改造成一个旋转的轮子，推着互相比赛竞走。我试着玩了一下，根本不是他们的对手。

有一位曾经教过朝鲜小孩的老师说过，朝鲜小孩和韩国小孩最大的差别，便是会不会从自然中取材，自得其乐地玩耍。如果去乡村游玩，韩国的小孩大多无聊得不知道玩什么。但是朝鲜小孩呢，去摘果子，捉昆虫，追着麻雀，用树枝和石头就能玩得很开心。会发明自己独有的玩具，这是多么重要的一种天性啊，可惜我们发现得太迟了。画画也是其中的一种方法。小时候玩过那么多游戏，现在全都慢慢忘记了，只有画画这一种被我保留到现在。

Carreras de

看人，画画

假设我遇到了一位女性，我并没有画她的想法，我对她没有特别的好感，和她分开之后，应该马上就会忘记她的样子了，也就是大概有个印象而已。但是，如果我想画她就不一样。她穿了什么颜色的衣服，说话的时候手势是怎样的，手指是怎样的，颈部曲线是怎样的，说话的时候是否盯着人，笑的时候是否用手捂着嘴，在室内是脱了外套还是穿着外套，是不是把包放在膝盖上，发问或者回答别人的时候表情如何……我一定会观察到每一个细节。

我观察她，并不是想把她的特点综合起来作画用。一般来说，我们评价一部电影的时候，如果一个人物栩栩如生，我们会说“描绘得很好”，我说的画就是这个“描绘”。我觉得，画画是一个非常广义的词。不一定拿起画笔才能描绘、作画，非常集中精力地观察，也是用心灵之笔在画画。有时候，这甚至可以说是一种强迫症了，但是，如果熟悉了这种观察人的模式，观察力、记忆力和想象力都会得到很大的提高。

一个计算机工程师曾经说过，大脑的信息处理过程简单来说就是一个“信息丢失程序”。每天面对如洪水一般的信息量，过滤信息就变成了一种非常重要的能力。但是，当约会的对象就坐在你的面前，为了回复不重要的信息与电话，为了不重要的约会不停地确认时间，不管在哪儿一直在查阅体育消息、电视剧的消息……最终却忘了眼前最重要的信息——就是眼前的人啊。

我也是这样的。一直认为，牺牲现在，为了未来而忙碌才是正确的生活方式。万幸的是，画画改掉了我这个毛病，使我更能有效地集中精力。现在，跟人见面的时候，我一般把手机放到视线范围之外，并且专注于和对方交流。至少对我来说，没什么必须马上办的事情。世界上二十四小时待机的工作并不多，我们又不是去出差，而是去旅行，没必要每一刻都要绷着神经。如果意识不到这一点，生活就会越来越紧张。对我们来说重要的是，在提笔绘画之前，用心灵作画。

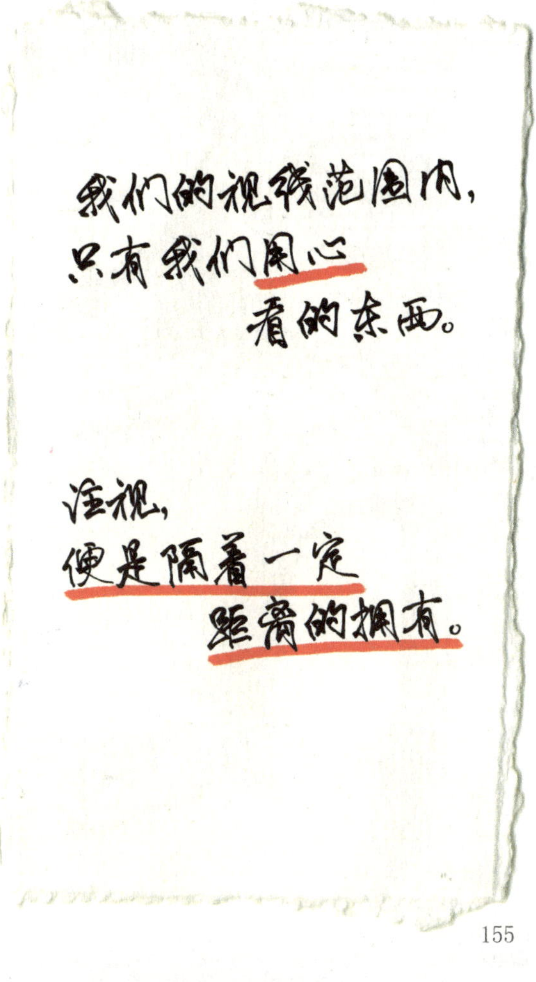

ASTRID

与其说为了画画观察别人，不如说是为了好好观察别人而画画。

这是我最好的秘鲁朋友的女儿们，

从左往右依次是阿斯特莉、科兰、达梅里亚，还有噘着嘴的卡尼亚。

最想把这本书作为礼物送给他们。

科兰最喜欢跟着我跑来跑去，她有可爱的小门牙。

在秘鲁的卡哈马卡遇到的导游，他知识渊博，还出过书呢。

哈欠

在玻利维亚的高山地带，每年5月都会举办一个特别奇怪的活动。以村子为单位，成人男子之间进行拳击对抗，有时候甚至女性也会加入其中。虽然这比赛经常会把人打得血肉模糊，但由于有着很久的历史传统，连玻利维亚政府当局都没办法出面制止。比赛的名字叫作“Tinku节”。用该丘亚族的语言翻译过来，Tinku就是“面对”的意思。这种面对的方式可真是够壮观的。

我作为纪录片团队的翻译，跟着到了这个地方，进入旅馆之后，卸下行李躺在床上。突然，我的视线被墙上一幅挂历吸引住了。挂历的内容是宣传2012年的Tinku节，制作华丽精美，完全展现了这一绚烂的乡间盛宴。安第斯人运用色彩的笔触可真是大胆啊！我躺在床上，心里感叹道，一边注意到照片的一角有一个小男孩进入了镜头之中。看看这个小家伙，母亲特意在节日把他打扮成这个样子，腰带，还有小腿上的装饰，还有漂亮的上衣……虽然穿着非常精神，充满着斗志，但是，他张大嘴正在打哈欠呢。我怎么就这么喜欢这个小男孩呢！是啊，说实话，大人们的节日一般都是很无聊的。我小时候也是如此，真是受够了学校和家里的各种活动，只想着活动赶紧结束我好吃饭呀。

老人

孩子和老人是最容易被外国人搭讪的对象。因为他们比较悠闲，而且对陌生人的警戒心没有那么重（当然最近也不一定如此了，毕竟犯罪事件越来越多）。一般来说，老人是最好的聊天对象，只是要让他们拉开话匣子还是得付出一番努力的。看他们彼时的心情，如果他们不高兴的话，可能随便应付你两句，也可能干脆就无视你了。我们这次采访的主题是想了解非洲人是怎么通过农奴贸易最后定居在厄瓜多尔的。为此我们专门去采访了奥斯瓦尔多大哥，他是一个专门种牛油果的农民。我们坐在地头聊了半天，可惜他不是问东说西，就是简单地重复一些常识性的短句子，没有达到我们预期的采访效果。我们身心俱疲，天气也很热，我们递给他一瓶水，直到那时候他才来了一句让我们印象深刻的话：“不用了，谢谢。我只喝啤酒。”

Nombre es Osvaldo. Soy un Campesino,
tengo un terreno en Valle del Chota.
tres hijos. El Mayor
cumplió
años y dejó de estudiar,
porque
le gustó. Somos pobres,
pero
, la vida es tranquila.
que mis antepasados
esclavos. Bueno,
somos libres,
no me

年轻人往往不懂长者经历过什么，在思考些什么，这也是他们的魅力所在。秘鲁马努丛林里遇到的马奇根加部落的老人也不例外。我们试着采访这位大哥，可惜他的话实在太少，于是我们早早地放弃了采访，开始拍摄他钓鱼的样子。但是他钓鱼运气也太不好了，等了半天一条鱼也没有碰钩。等了好一会儿我们终于忍不住问他，他回答说白天不怎么钓得到的。我们憋了一肚子火，但又没办法问他为什么不早说，早知道我们就不在这里傻傻地拍半天了……是啊，老人可没有义务配合我们的拍摄啊。

总之，我们觉得非常沮丧。我们跑了这么远，在大太阳底下晒了好几个小时却一无所获。我们起身向他告别，对他说“那您多保重，祝您身体健康”。本来也没期望他会回应我们，可是，一直沉默的老人听到我们的告别之后，抬头用饱含感情的目光望着我，说："下次什么时候过来？"

这话与大城市里的“有空见一面吧”“时间允许的话见一次啊”不同，这不是一句空空的客套话，从他的嗓音里，我们几乎能读出真心。我立刻有点失措了，含糊不清地说：“啊，当然会尽早过来……”听到我的回答之后，老人满面的皱纹都堆满了微笑。我的心几乎有些颤抖了，脸上泛起了羞愧的红晕。我刚刚还在想“来一次都没什么收获，真是浪费时间”。的确，我并没有多重视与陌生人之间的会面，我与他们的交流也带着很强的目的性。老人的这句话真是一份珍贵的礼物。纪录片播出之后，很多人问我关于老人的事，我只希望再去马努的日子不会太久，希望我对老人的回答不会变成空话。

家人

秘鲁的的的喀喀湖是世界上海拔最高（3810 米）的可以航行的湖泊，它的颜色如梦幻般瑰丽。生活在混沌的大城市中的人几乎不能想象还有如此纯净清透的颜色。不管是白天蓝色的水光，还是夜晚倒映着星光的湖面，抑或是用芦苇堆起的漂在湖面的人工岛——浮岛，其景致已经美得无法用画或者照片来呈现了。我是和家人一起来这里旅行的。我们正沉醉在美景里的时候，我和哥哥因为一些小事吵了起来，很快，我们被争吵拉回了现实。我们一家六口人出来，就跟组团旅行一样，分别跟其中一个人说几句话，感觉一天马上就过去了。即使在这种情况下，我还是坚持完成了一幅画。看看，那个戴着秘鲁式的帽子，在芦苇岛上享受日光浴的驴子模样的是谁呢？没错，不是别人，正是很少登场的爸爸，他十分迷恋安第斯的景色。在旅行的最后一天，民宿的一家人给我们举办了一个小型的欢送晚宴，当晚气氛非常好。主人大婶儿拿着毛巾，跳起了当地的民俗舞——马内利勒舞，欢快的舞姿把当晚的气氛推向了高潮。这次欢送宴会给我们留下了非常深刻的印象，我们回来之后，还对这段小插曲津津乐道了好一阵子。嗯，对了，画里面还有弟弟的身影，仔细找找。

现在正在聚精会神的研究芦苇棚子里面的小动物。

爸爸，
在草地上静静地坐着晒太阳，
好像非常享受的样子。
如果执着于争吵，哪有心情欣赏如此美景！

看到对方为自己画的画像之后，
我们都深深地陷入了失望之中

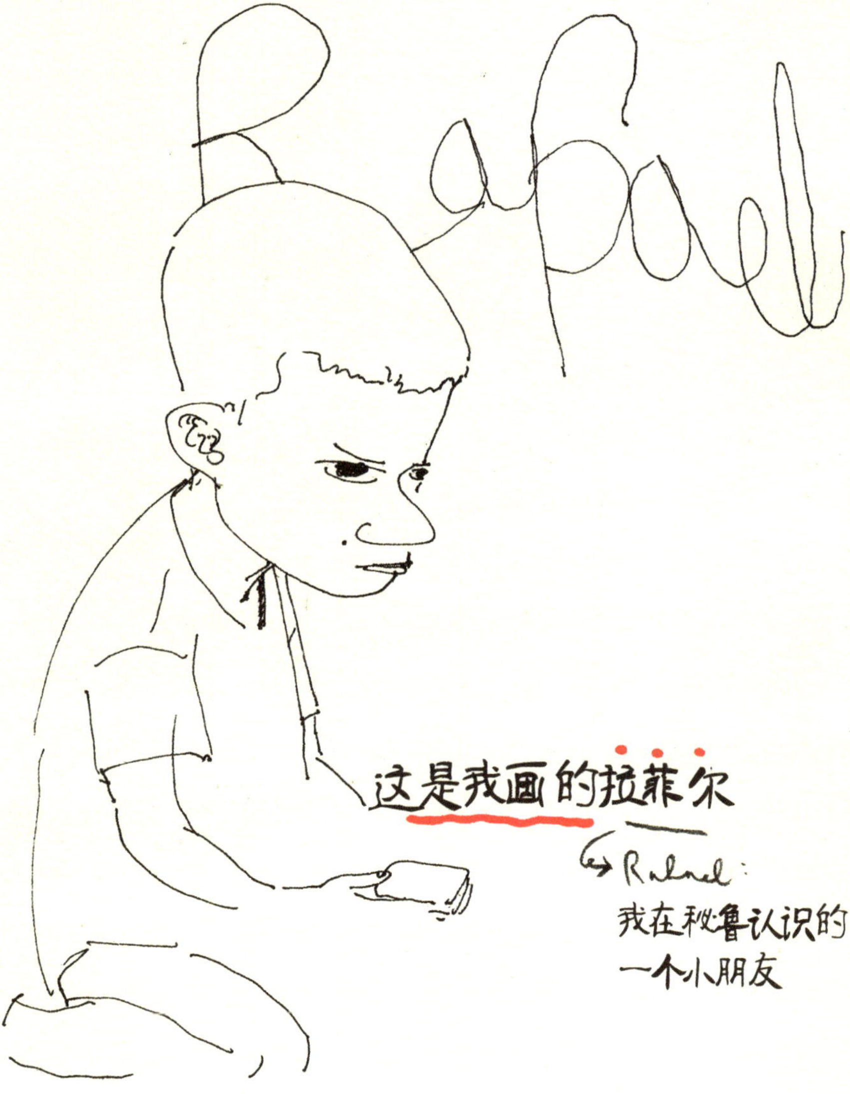

我的秘鲁名字
叫作“拉蒙”

这是拉菲尔给我画的画像

怎么说我给他画的还有几分神似啊，
这小子怎么把我画成了这副德行……

更温暖一些

旅行的人都爱说，旅行之后印象最深刻的应该就是旅途中遇到的人了。我同意这话，但是对我来说，旅途中的动物同样让我印象深刻。辛苦的驴子、垃圾桶里的小狗……人在旅途，心情放松，因此对平时察觉不到的细小感情更加敏感，对不幸的动物也更加有代入感。我至今还记得旅途中遇到的这些小可爱们，它们还记不记得我呢？

驴子的士

我实在是不忍心把驴子当作牲畜来使唤，但最终为了拍摄，还是让它驮了行李。瓦拉斯有着“南美的瑞士”美称，在山区，这里已经习惯把驴子当作劳力来使唤了，这场景对于外国人来说，既有异域风情，又觉得十分有趣。我们的行程一共动员了三头驴子。据赶驴子的Arriero（驮夫）的说法，现在有规定，每头驴子每次负重不能超过30千克，但是从来没有人去称驴子负重的实际重量，而且30千克也已经非常重了。正往驴子身上绑行李，准备出发前，一头驴子试图挣脱。赶驴子的人一看，把这头踱着小步要离开的驴子拉了回来。看着它笨笨地逃走又被抓回来的样子，真是让人又心疼又好笑。

这一天的拍摄结束之后，我心中充满了负罪感，回到旅馆，上网查了一下，有一个叫做“国际驴子保护协会”（The Donkey Sanctuary）的组织。这个组织意在保护世界范围内被虐待的驴子，救助一些被虐待的驴子，帮助它们安然度过余生。我决定以后一定要以某种方式来支持这个组织，就算对今天的驴子们表示歉意吧。

对不起，小毛驴。

塞萨尔和他的朋友们

我在秘鲁的马努丛林地带遇到了22岁的塞萨尔，他是一个非常酷的小伙子。最初，我听说他有一个动物农场，以为他应该是捉了一些野生动物赚赚钱吧（也许是我受了很多骗，渐渐地不相信别人了）。实地去看了农场，他的农场叫作“两只鹦鹉生活的庄园”，可并不是我想得那么简单。这里的动物全都是自由地跑来跑去，没有绳子拴着，而且，我还在这里发现了我最喜欢的南美动物长鼻浣熊，它们像小孩子一样对着塞萨尔撒娇，西貒（一种野猪）像小狗一样，歪歪扭扭地跟着塞萨尔跑来跑去……

这种人和动物的融洽关系实在是太让我羡慕了！虽说都是野生动物，可是它们比我家的宠物狗还要听话。有趣的是，塞萨尔给了动物们绝对的自由，全部都是放养，有时候这些小动物们会回到大自然里，过一段时间，它们又会带着各自的另一半回来，绝对不会忘了自己的“娘家”。这简直是只有漫画里才能读到的故事！

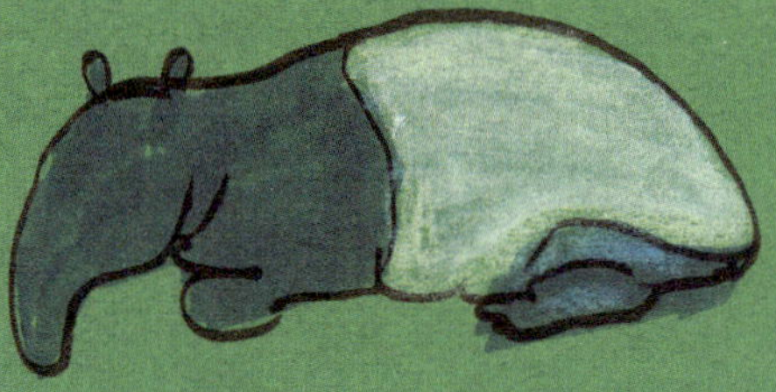
4 toes → FRONT
3 " → back
TAPIR

眼神的安慰

在德国一个寒冷的冬夜里，我曾经被一个温暖的眼神安慰，那感觉一辈子都不会忘记。这安慰不是来自某一个人。纽伦堡以华丽的圣诞节商店而闻名，那时，我正独自徘徊在一个一点也不繁华的小胡同里，天气那么冷，我居然跑到外面来闲逛，想想也是好笑。虽然这胡同非常荒凉，但并不是一个人也没有，一个男人牵着一条像比格犬的小狗迎面走来。等我们擦身而过时，小狗突然回头，它的主人也停下了脚步。小狗静静地凝视着我，我也这样静静地回望着它。我比较了解欧洲的小狗，它们对行人一般都漠不关心。亚洲的小狗就不一样了，它们注意力比较涣散，很容易被外部环境刺激，而欧洲的小狗只把注意力放在主人身上。但是，此刻，它正这么专注地看着我，像要把我看穿了一样。

整个过程也不过一分钟，但是对于这只小狗，好像突然发现了人这种生物的存在一样。它好像重新认识了眼前这个因为天气冷、一直在吸着鼻子的生物。在此之前，从没有任何人用这种眼神看过我。正当它眼中的热情融化了我的时候，主人拉了一下它的绳子催促它快走。我想谢谢这个主人，谢谢他停留了这片刻。但是主人突然转过身去，我点头致谢，却只碰上了他的背影。我记得，直到最后走开，那小狗也一直回头望着我。能这样专注地看别人的，除了小孩，也就只有动物了。都说擦肩而过都是缘分，我真没想到，擦肩而过的眼神对我居然是这么大的安慰。寒冷的冬日，我把这眼神当作燃料，温暖了我的心。不管是怎样的天仙美女投来的眼神，都不及这一瞥让我温暖感动。

我的儿子奇事多

奇事多，我到现在还是非常想你。

那是在秘鲁北部的沙漠城市奇克拉约的时候。我坐了一辆面包车，从一条大路上下车回家。天色阴沉，我心想着赶紧回家换衣服然后赴约，当时看起来就快下雨了。还没抬起脚呢，突然在路边的树下发现了有个什么东西，倚着黑色的塑料袋，一动一动的。我小心地上去看了看，不是老鼠，是小狗，它的毛很短很亮，是褐色的，就这么在垃圾堆旁边徘徊，冻得瑟瑟发抖。那个晚上的确是特别的冷。我望望四周，这附近没有它的主人。有人匆匆地走过，本来路就很宽，没有人会注意到这个小家伙。随后，我也走了。

没有办法啊，我现在太忙了。带走了谁来养它呢。我估计一个月后就要搬走了，根本没有养小狗的条件，它跟着我也会很不幸的……虽然有些犹豫，想想自己的情况，也不得不这样了。

我那天是为房子的事情去见我找好的房子的前住户，一个叫作吕克的法国人。因为房租实在是太贵了，在草率签约之前，我想了解一下这房子到底值不值这个价钱，我是不是被房东给涮了。结果发现，果然房东给我的报价贵了许多。虽然之后陆陆续续添置了一些家具，但也不至于相差那么多。心情有些不好，但是我认定要住这个房子了——我第一次知道，原来我对想要的东西这么执着。我一边回家，一边盘算着一定要好好利用这个信息跟房东砍砍价。反正除了价钱，我对这房子也没有什么不满意的了。房子空间很大，但是因为是顶层（四楼），吊顶比较低，所以不觉得空旷；地上铺着地毯，清扫起来有些麻烦，但是被冷冷的海风吹着，有地毯还是感觉很温暖的；厨房里面的各种厨具都有，没必要再出去买了……真是各种条件都十分合心意，我暗下决心，一定要“霸占”这房子一年。好，那明天我要重新会会房东大姐了。我脑子里想着和她要怎么说，如果谈判成功，能够便宜一百美元该多好！我越想越美，一定要说出所有的有利条件来说服她。我回到家里，打开一盏灯，躺在床上描绘着跟房东砍价的画面。突然，一个想法像闪电一样划过我的脑海。我想起了那只小狗。

我连三秒都没有考虑，因为，小狗瑟瑟发抖的样子实在是让我于心不忍。我穿上了一件衣兜大得可以放小狗的夹克，然后出门了。外面很黑，很好，也没有什么人会看到了，至少不会被误会成偷小狗的。我越走越快，很快就到了那棵大树下面。但是，在垃圾堆旁边和路旁边，连一只蚂蚁都看不到。我又向小路方向望去，如果它死了的话，我会非常愧疚的。万幸，我在小路那边也没有看到尸体的影子。既庆幸又失望，是啊，它总会自己活下来的吧……再回头一望，我差点没晕过去，我脚下有个黑色的东西，很像小狗的尸体。我十分害怕，不敢上去看。我镇定了一下，做了几次深呼吸，蹲下身去一看，原来是黑色的袜子……傻瓜，真是自己吓自己啊。这么一惊一乍，我差点被路过的出租车给撞倒，我又在周围仔细搜寻了几分钟，还是没有。但我怎么老感觉这个小东西不会跑太远呢。我用脚踢了踢垃圾。

嘿嘿，被我发现了。一个黑色的物体还在那里一抖一抖的，不知道发生了什么，在垃圾中间抖着身体。环视了四周之后，我慢慢地接近它，这只小狗不会有狂犬病吧？电影中，不是有很多动物被人救助之后反咬一口吗……我张开手，小狗很警戒地往后退。一般逗小狗的时候，不都是伸着手指头，嘴里发出啾啾的声音吗，可是，这小狗的反应也太大了，使劲地摇尾巴。真是太可爱了！我一把抱过它，放到了我的口袋里，它比我想象的要轻，而且有点湿漉漉的。城里人的洁癖发作了，我的心里有点抵触，但也顾不了那么多了，揣上它赶紧回家去。

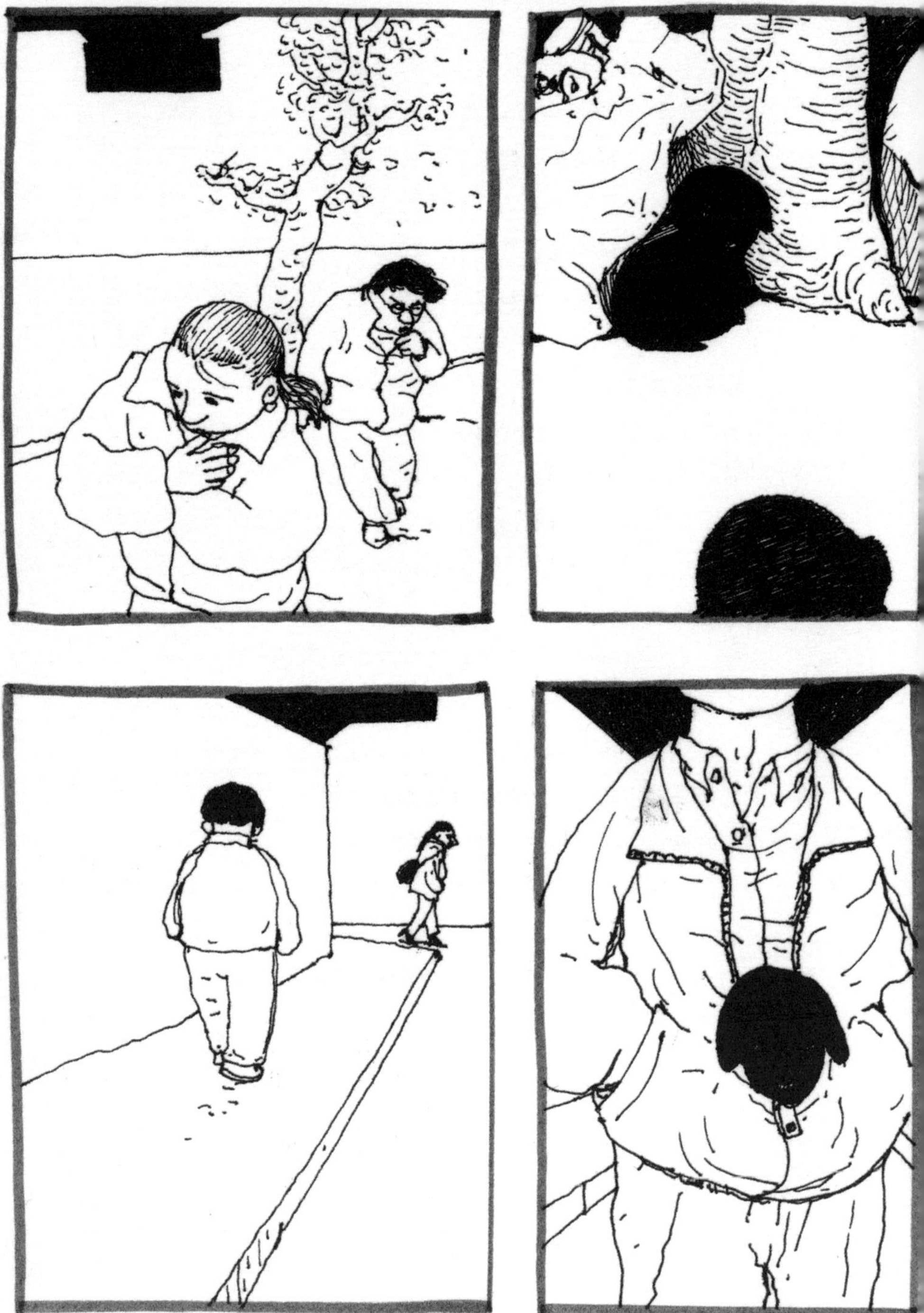

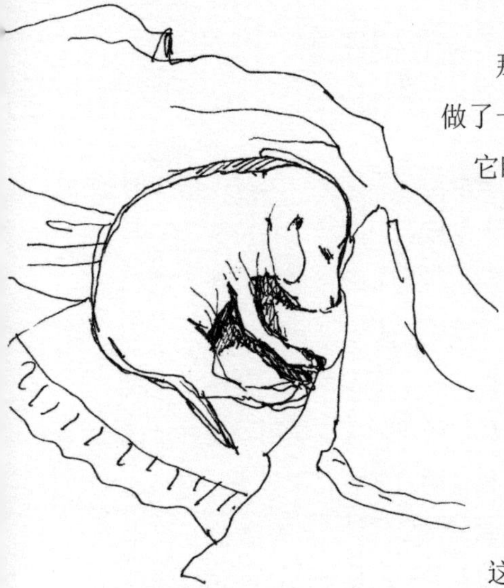

那天晚上，我给他洗了个澡，然后做了一个舒服的窝把它放进去。我看着它睡得香甜的样子，别提有多高兴了，那是无法用语言表达的幸福感。

开始想拍几张照片，最终还是作罢。房子、钱、合约，我从这些欲望中解脱出来，和它一起度过幸福的几小时，真是不容易。我画了几张画留住了这美好的一刻。几天之后，我把这只小狗托付给了一个住在郊外的朋友，他家养着各种小动物，什么鸡啊，牛啊，狗啊，野生的鸟啊，猪啊，等等。我经常不在家，这样小狗也会感到孤独的，在它最可爱的时候送给人家，肯定会得到更多的宠爱吧。朋友的小女儿给它起了名字，好像是用了什么饼干的名字，小狗从那天开始就叫做奇事多（Chisito）了。

七年之后

在我离开秘鲁前的那一年，奇事多已经长成了一只身形漂亮的大狗。虽然我经常忙于工作，没空去看它，但它还是认得我。朋友问我，既然我没有结婚也没有孩子，那奇事多应该可以算作我的儿子了吧。

七年之后，我再次去秘鲁，也再次去了朋友家里。奇事多早就去了另外一个世界。奇事多去捉邻居家的鸡，被邻居用猎枪打了，在朋友精心的照料下，过了差不多一年的时间恢复了健康。但是这家伙刚一好，马上又去隔壁家捉小鸡了，这次邻居猎枪的子弹穿过了它的心脏。

好样的，奇事多，真是我的好儿子。

不气馁，不放弃，这么壮烈地离开了。

愿你安息。

Chisito
lindo

马马虎虎，或者说挺不错的

有些人出门旅行两天一夜，因为没办法洗热水澡就吵吵嚷嚷，我真是和他们玩不到一块儿！如果很容易对设施或者饮食挑毛病，那估计不会玩得太开心。如果关闭了心门，不管是去多好玩的地方都会觉得无聊；如果敞开心扉，不管是多小的事情，多么简陋的地方，都会留下美好的回忆。

老鼠

我恐怕是到哈恩城最早，或者是停留时间最长的韩国人了。要介绍这个城市的话，就是秘鲁中北部丛林地区的一个小村庄，除此之外，好像也没有别的特点了。但是，对我来说，这个地方有一些特殊的回忆，都是因为我一辈子的好朋友朱利奥的缘故。我们是在秘鲁的商业城市奇克拉约的一个技术学校认识的，我们是同事。他和我一样，非常热爱工作，有热情，但是处理文件的能力和与人交流的能力相对较差，因此很快被同事排挤，被分到了哈恩的分校。他必须离开家人，独自去小乡村赴任。为了安慰一下他内心的痛苦，我决定申请去哈恩出差。我在申请上写道，要去技术水平比较落后的分校区出差四周，普及电子控制技术。学校批准了我的申请。听到我要来出差的消息，朱利奥非常开心。我将在接下来的一个月与他同吃同住，我的任务是教分校的学生以及一些维修工程师最新的技术。于是，我在 7 月的某一天踏上了去哈恩的高速大巴。

就这样，我跋山涉水到了哈恩的分校，这里的设施极其简陋，条件很是恶劣。整个灰色的长方形水泥建筑就是学校的全部，跟一个大仓库一样，连扇像样的门都没有，里面零星放着几张供工程师们操作用的桌子。另一个角落里面，用帘子草草遮了一下，就算是朱利奥的卧室了，没有床，只在地上铺了一个垫子。朱利奥在另一侧的小火炉上面炒着一些没什么营养的高热量的食品，用来应付一日三餐。丛林地区的蚊子非常多，可他连个像样的蚊帐都没有，幸亏我还带来了一个。

早上起床之后，还没洗漱，我们的房间，哦不，确切地说是教室里就开始点名了。中午简单地吃了煎荷包蛋，直到晚上七点我们才有工夫喘口气。真是忙得不知道一天是怎么过去的。我们唯一可以放松的方式就是骑摩托车了，朱利奥在前面，我在后面。我们在村子里绕着圈，风吹起来，吹起我们的发梢。在这闷热的天气里，没有电风扇，只有这时，才能感觉到像飞起来一般的畅快。

朱利奥已经结婚了，还有两个女儿，他经常催促我快点找老婆结婚。他经常指着来来往往的女子，问我这个怎么样、那个怎么样，看他那自信的样子，好像马上就能介绍她们成为我的女朋友似的。相反，当时的我极度不自信，怎么着也不愿意。能和好朋友这样在小区里转转，玩玩闹闹，我就已经很开心了。如果同学们知道不久前还在课堂上严肃讲课的老师们，转眼就玩成了这个样子，他们会怎么想呢……反正，当时我们丝毫不在乎外界的目光。这一小会儿纾解压力的时间实在是太短暂了，我们七点五十分就要回到学校继续上课。晚上是给上班族上课，等这一天的课结束了，基本上也快到午夜了，我们跟晕了似的沉睡过去。

现在想起来，那床可真是极其不舒服。床单非常破旧，都是小洞和线头，虽然拉上了蚊帐，但蚊子还是在耳边嗡嗡叫个不停。并且，快天亮的时候，还会有一些奇怪的声音。朱利奥经常把猎枪放到枕头旁边睡觉。

发出怪声音的不是别的，正是老鼠。这些老鼠非常大胆，经常非常自得地在枕头旁走来走去。老鼠实在是太多了，简直不知道拿它们怎么办了。这老鼠不是一只两只，除了粮仓周围，还会爬上我们附近的锅碗瓢盆，吵得连素来睡眠沉的朱利奥都受不了了。他经常在半夜被老鼠吵醒之后，拿起猎枪一顿扫射。彼时，老鼠的尖叫声还有逃跑的声音此起彼伏，火药味充满了整个屋子。我记得最少的一次也打死了七八只。朱利奥一边说明早再处理尸体，一边又躺下了。我虽不愿意在这么脏的屋子里睡，但是实在是太累了，于是又躺下呼呼大睡。第二天一早，我又被吓到了。倒不是因为昨晚那些死的老鼠。我揉着眼睛走进卫生间，发现坐便器里也有一只老鼠！我当时就被吓傻了，更让人受不了的是，这个家伙看到我，就使劲往下水口里钻，就像便便一样。现在让我怎么用这个坐便器啊！

如果能回到那个艰难的时候，我会回去吗？如果不是一起经历了那么艰难的岁月，我和朱利奥又怎么会有这么深厚的感情呢。

69

背包客

有一种把旅游作为生命的人，只要擦肩而过，就能闻到他们身上流浪的味道；有一种真正的背包客，他们对外界的眼光十分不敏感。看他们淡然的神色，即使我是个小偷，也不想惊动他们半分。他们不管在哪儿都睡得着，不管吃什么都吃得很香，在哪儿都能坐下来拿吉他演奏一首曲子。他们跟陌生人说话的时候从来不小心翼翼的，也从来不避讳多交一些新朋友。跟他们相比，我觉得自己都不算是个旅行者了。在旅行前一定要制定计划，试图把握局面，非常保守又小心。现在，抛下琐事跑出来旅行，就可以被叫作“自由的灵魂”了。但是，真的出来看一看，就会发现，再也没有比旅行更平常的事了。在选择旅行方式的时候，我们是选择比较平稳消极的方式，还是比较刺激的方式，其实体现了我们和自由的一种妥协。“真是神奇啊，我原来真的不算什么！”这种想法让人不仅不伤心难过，反倒有一种解脱的感觉。

菜单上我唯一认识的菜名

要说我这个人有什么优点的话——我特别不挑食，吃饭总是吃得很香。虽然我吃素之后，口味变得有些挑剔了，但总体来说，我还是比较能吃的那一种人。我对食物没有深入的研究，也谈不上什么美食家。有一种食物却让我情有独钟，念念不忘。韩国人一般都喜欢吃米饭，因此，大部分韩国人特别喜欢摩洛哥的“库斯库斯饭”，就是用北非小米做的一种饭。我要说的美食还不是这个，而是嚼起来和北非小米口感很像，但其实是一种颗粒很小的意大利面。我在巴黎吃过一次之后就被这种美味深深地吸引了。食物如下图。

提供早餐

要说我的另一个优点的话，就是特别会在琐碎的生活中发现乐趣。直到现在，一旦发现喜欢的餐厅出了新菜单，我就会激动地想找时间过去试吃，就像急不可待地等着去郊游的小学生一样。（有次跟朋友说起，被他们鄙视了一番，之后再也不轻易提起这事。）因此，我旅行时的一大乐趣就是在酒店睡个懒觉，不紧不慢地起床，享受一顿悠闲的早餐。再怎么省钱，旅行时至少要订一次包含早餐的住宿，比起服务生拿过来的菜单，我更喜欢自助式的。定一家含早餐的酒店，这个投资是非常划算的，一顿美美的早餐之后，感觉一天里重要的事情已经完成了一大半。

餐厅

有时候，我们总认为要寻找消费最低的餐厅，辛苦付出，才算生活得有价值、意义深刻——这种思考方式实在是太老旧了。要真正发掘物品的价值，便不应该纠结于价格，选择价格最低廉的，无疑是剥夺了多样选择的乐趣。如果条件允许的话，千万不要迟疑，一定要享受这个国家最好的食物和文化。我个人认为，人应该做自己真心想做的事情，哪怕是举债。虽然我这个人没那么大的魄力，但起码我觉得应该这样做。

即便如此，我这个苦哈哈的小作家也只有在和父母一起出游的时候，才有机会去世界一流的餐厅。到了我这个年纪，本应该请父母好好享用一顿不错的晚餐，可惜现在还是蹭饭吃的状态。去过不少好餐厅之后，我只画了这一张画。（花了大价钱饱餐一顿，回家之后，一般都像米虫一样倒头就睡！）这是我们在印度尼西亚的时候，全家在现场一起听音乐。餐厅里有演出的情况下，一般我都尽可能地选择背对歌手，但这次没能如愿。要是有人正在认真地唱歌，我在一旁大吃大喝，总感觉怪怪的，食物也无法下咽了。哥哥经常说我不会享受生活，也真是无从反驳。

名胜古迹

有些没什么意思的观光路线，我一般能避开就避开。当然，有时候不免俗地还是会经过，比如埃菲尔铁塔，还有卢浮宫的蒙娜丽莎的画像。我特别不能理解那些一定要跑到观光景点去拍照片，来证明自己到此一游的人的心理。虽然我也去过那些地方，但是一般没什么深刻的印象，所以也没有留下什么照片。我的画里面几乎从来没出现过名胜古迹（右边这幅画是我回想着十年前看到的埃菲尔铁塔的样子画出来的）。经常有人问我说埃菲尔铁塔该怎么画、卢浮宫该怎么画。感谢您问我这些问题，但抱歉的是，我对这些名胜实在没什么感觉，它不就是杵在那里嘛。

EIFFEL
I ♡ PARIS
非常不情愿

大作

在欣赏一些伟大的艺术作品的时候，我们会百感交集，那感受是无法用语言来说明的。啊，太美了，好大，画得真棒，真好，好像在书上见过……大不了也就是这些话。所以，比起空泛的语言，还不如用庄重的沉默来回应，或者是画画。安静地，沉默着，表达我们的敬慕之心。这么想来，我临摹过的名画只剩下了一张，那便是罗马有名的西斯廷大教堂的屋顶壁画。

其实，比起壁画，人们更为壁画的作者米开朗基罗的故事所感动。比起米开朗基罗，我更深深地被那些伸着脖子望着屋顶的人们所打动。可能这个地方是世界上“张大嘴巴抬头仰望”的人最多的地方了。我也保持着同样的姿势，打开了我的画簿。

呆呆地

等待、等待，无尽的等待
还需要说什么呢？
这就是旅行的全部。

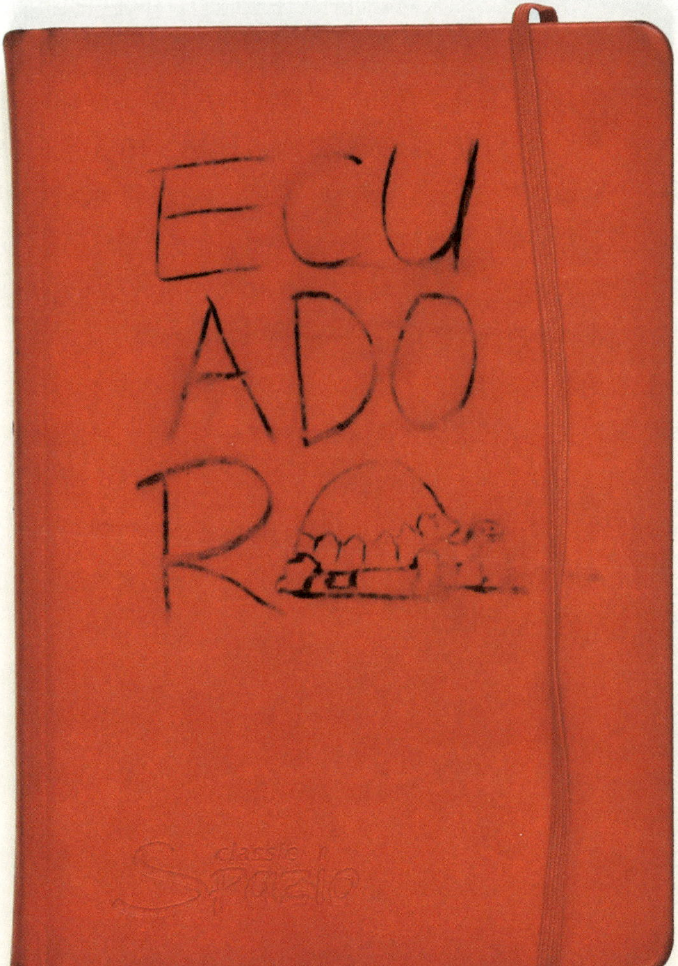
ECU
ADO
R
classic
Spazio

水獭也会上下班

我头一次知道，原来动物也有上下班时间。仔细想想也的确如此，只有大都市的人们才过着不规律又懒散的生活，动物们如果不按照自然的规律来觅食、繁殖的话，恐怕很快就被大自然淘汰了。当然，动物们的上下班时间就像古时候乡村人们一样，并不是精确到每分每秒的。要想见到野生动物，必须计算气温、降雨、季节等各种变量，然后耐心地等待，除此之外别无他法。奇怪的是，居然也有动物跟人类一样，严格“按时上下班”。一些经验丰富的导游，非常清楚在哪个时间，丛林的哪个地点，能看到哪种动物。有一次，我在秘鲁的丛林里苦苦守了一天，只为看一眼被称为“丛林瑰宝”的巨水獭。我的辛苦最终在第二天得到了补偿。我们决定相信导游的话，第二天一早十一点准时到了一个叫“黄牛沼泽”的地方。本来做好了今天最少再等上五个小时的心理准备，没想到刚到一会儿就发现了准时上班的巨水獭！因为怕吓走它，我们大气都不敢出，只在心里暗暗一阵欢呼。

第二天也十分幸运，我们拍到了貘，真是一个大大的收获。耐心等待之后，亲眼见到野生动物从你眼前走过，这种喜悦是无法用语言描述的。那种走进、等待、发现的乐趣，五味杂陈，甚至可以画满两本童话书了。发现的乐趣不仅仅因为眼前的景象，眼前视野甚至没有电视画面清楚，而且它们出现的时间也相当的短。那种乐趣是超越了电视屏幕，自己亲身感受到的，这是现代人们多么稀缺的一种体验啊。

寂静

在秘鲁的大丛林里面，至今还有上千名的马奇根加部落人，他们还保留着原来的生活方式。他们习惯打猎，用弓箭捉鱼。我们摄制组为了拍摄他们，历经千辛万苦打听到了一位部落青年，他说现在算旱季，还不是捕鱼的季节。因为水太浑浊了，根本看不到鱼。即便如此，我们毕竟跑了一趟，还是想碰碰运气。于是，青年带着我们，坐着独木舟向湖水中央出发了。

青年认真地搜寻着湖水中鱼的影子，我们默默地坐在船尾，生怕惊动了他。

长得像始祖鸟一样的麝雉在湖上呼扇着翅膀，发出扑棱棱的声响。我们都戴着帽子，但晒了好一会儿大太阳，我们都有点发懵了，这么下去中暑了可怎么办啊？看看表，其实并没有过很长时间，但是在这寂静里面，一分一秒都感觉分外的难熬。青年只射出了两发箭，没有中。最后他低下头说，水实在是太浑浊了。虽然最后这场狩猎以失败告终，我却最终解了心中的一个疑团。我看青年只带了两三支箭出来，实在是觉得惊讶。如果这两三箭都放空了可怎么办呢？他的箭法果真这么好？后来才知道，用弓箭只能捉到离水面很近的鱼，如果射不中的话，弓箭会自动浮上水面来，到时候捡起来再用就好了。我还天真地以为，这弓箭射出之后会穿破层层水波，直接插到湖底呢。知道了这个有趣的小典故之后，心情瞬间好了起来，看湖边的景色也格外美了。执着于一件事，差点错过了这美妙的景致！我赶紧拿出了画簿。这次换成青年关照我了，在我画画时一句话也没有说。寂静的时间，在我画画的时候又悄悄地过去了。

雨

据说出行的人最怕下雨了。不要因为天气不好就觉得失望，或者无聊。画着这一滴一滴坠落的雨水，不知不觉，雨也就停了。

厄瓜多尔的通古拉瓦活火山。当天天色阴沉，一朵朵乌云覆盖着上空，我们最终没有看到火山的全景。只好画几幅画抚慰遗憾的心情。

通古拉瓦火山 5023m
Baños
1.800m

等待的诗篇

大学有一学期的英语课，教授在第一天的课上便说，如果哪位学生这学期能背诵一首英文诗的话，将会给他一些“特殊待遇”（教授并没有说明特殊待遇到底是什么）。平时我很少响应这种提议，可那天不知道怎么了，老师的这句话我却听进去了，并且很快就付诸实践了。翻遍了整本教材，发现有一首埃德加·爱伦·坡的诗《安娜贝尔·李》还不错，看上去比较好背。我平时特别不善于背东西，背诵的时间可能是别人的两三倍，不管怎样，反正在学期结束前我是背下来了。但是，即便到了那学期的最后一节课，教授也没有再提起这事。最后，在那节课结束之后，我跑去问了教授，教授反倒吃了一惊，好像在回想这到底是什么时候的事！只顾着背诗的我，别说是好好复习考试了，最后特殊待遇什么的完全没有享受到。因为这么一段乌龙的经历，这首诗从此以后便深深地印入了我的脑海里，以后居然派上了大用场。在我焦躁着急的时候，比如说在伦敦的西恩多机场不安地等待父母的时候，我便会暗暗地背诵这首诗，这样便会更从容一些。就算是时间补偿给了我一些特殊待遇吧，现在考虑是不是该原谅那位教授了。

通往雨林的路让人发怵

在秘鲁的中部，有一个叫作塔拉波托的雨林村庄，一般观光客肯定不会找到那里的。我有个要好的朋友叫安东尼奥，前不久他辞掉了大城市的工作搬到了这个村子。这次，我想正好趁着来拜访他的机会，好好欣赏一下这雨林村庄的秀丽风光，于是买了去往塔拉波托的大巴车票。我以前早就听说过，在秘鲁，一到夏天，街上的孩子们就朝着路上的行人扔装满了水的气球，特别是在热带雨林，这可真是个奇怪的风俗。虽然我对这个习俗有些抵触，但已经坐上了开往塔拉波托的大巴车。

大巴车冲破了沙漠风沙，向前飞驰着。这大巴车也没什么不一样的，但我坐着却觉得越来越别扭。在韩国或者南美，男人们一般都习惯打开窗子，透透气。但是后座的女人却嫌风吹乱了她的头发，把窗子又关上了。不过渐渐地，我被窗外的风景吸引了，奔跑的骏马，还有野猪，看着这田园牧歌般的画面，我不禁感叹，这才是生活啊！就这样，被车晃悠了一两个小时，我渐渐地有了困意，睡着了。

突然醒来之后，发现窗外还是一望无际的平野。啊，原来才走了不到三分之一的路。秘鲁可真大啊。这下我再也睡不着了，于是就陷入了一段又一段的沉思，看着旁边座位上的年轻女人和她一直哭闹的女儿，心想：带孩子太麻烦了，我这辈子绝对不会结婚，绝对不会要小孩的！一面又想到父母拉扯我们长大多么不容易，不觉又笑了。就这样颠簸了好几个小时。

右边的座位上坐着一只鸡，幸好它的羽毛没有乱飞。前座上，两个大块头的男人在座位上伸着腿，不停地聊天，虽然很吵，但也只能一笑置之了。乘坐巴士的时候，我最怕看到的就是尚格·云顿的电影。都出来旅行了，居然还被播放这种动作片！正当我遗憾这爽快的气氛都被动作片给破坏了的时候，外面的风景渐渐变了模样。周围渐渐变暗，暗得几乎分辨不出事物的样子，空气也变凉了，在一团团雾气后面，能看到一座座的山。这应该就算到了高山地带吧。秘鲁的国土面积是韩国面积的十二倍。海岸地带、高山地带、雨林地带分别被称为Costa，Sierra，Selva。这么说，我们就是到Sierra了。经济学家们肯定会说，这不同的地势阻碍了交通的发展，造成了分配不均，经济发展不平衡。但对于我们观光客来说，这不同的地形才更有魅力呢。

我们四十九人座的巴士在山路上颠簸，溪谷越来越窄，人迹稀少。小时候，我一看到山，就会很好奇到底山里住着什么动物。这座山里又住着什么动物呢？犰狳们应该都已经爬出洞穴，开始捕捉幼虫了吧？虎猫会不会穿过犰狳的铠甲捕食呢？那一闪一闪的是不是美洲虎眼里反射的光芒呢？

突然，车停了。该是去卫生间的时间了。乘客们大部分还在睡觉，我下车了。这也是我的经验，绝对不能放过这次机会，否则再想去卫生间，不管怎么求情都是不会给你停车的。空气非常干净清新，我伸了个懒腰。夜晚行车的休息站真是简朴，没什么让人休息的设施，只有几个零星的摊位。也没有卫生间，所有人都是露天解决的，包括我……

车马上又要出发了。也没有广播提醒乘客，如果不留神的话，还真可能会被落下。南美洲这一点挺好，因为没有人特别费心去照顾你，所以一切都得靠自己主动留心。车又上路了。为了避免焦躁，我特意不看时间，但是，也明显感觉到夜渐渐地深了。终于，我好像有了困意，一会儿应该就能睡着了吧。我一遍遍地回想我的家人，突然，脑海里又浮现了那个女人。虽然我不承认自己一直把她放在心里，但是，她就像一首熟悉的歌的旋律，就这么被轻轻地哼出来了。他们就像一个个演员一样，在我的脑海里露了一下面，说了几句台词，又悄无声息地退场了。

窗外是黑黑的石头、山，还有树。我就这么静静地看着窗外的风景，车里还放着尚格·云顿的电影，他正在被几个警察追赶呢。啊，对了，尚格·云顿的电影已经放完了，应该换成别的片子了吧。这电影好像最少还有半小时才能结束呢……正当我愁着剩下的时间怎么熬的时候，谢天谢地，终于，睡意侵袭了我。

一睁眼，外面天已经大亮了。能看到一排一排的椰子树，还有一大片一大片的稻田。快到了呀，沙漠里，石头山里，高山地带和浓雾森林，热带雨林里，由于还是清晨，还没有明显感觉到燥热。往后一看，车上的乘客全部在熟睡，前座的两位也许是聊累了，也睡得十分香甜。足足行驶了十四个小时，除了中间下车的五分钟，我们总共行驶了十三个小时五十五分钟。当然，现在还没到目的地呢。

像卡尔维诺一样去观察

伊塔洛·卡尔维诺的小说《帕洛马尔》里的主人公便是一位善于观察的人。他盯着海洋出神的时候，看不到一层一层起伏的波涛和海浪，他可以专心致志地只盯着一朵浪花，好像要把它看穿一样。

辛辛苦苦下来

我这个人可能真的不适合旅行。我喜欢宅在家里，对噪声和尘土很敏感，一离开家就容易吃不好，睡不着，经常口渴，还老去洗手间，加上我个子高，也很难找到我躺着舒服的床，还有飞机和火车的座位。但是，就是这样的我，经常流窜在世界各地。难道旅行真的是我人生中的修行吗？

HUARAZ - VAQUERIA

失眠

听别人说话的时候，我经常只听重点，所以会错过很多有用的信息，之后吃亏的事情出现了。人生就像小说一样，小说家在一开始就埋下了伏笔，你错过的信息最终会回来好好地给你上一课。有一次，我们准备在秘鲁的一个山脚下露营，之前导游分明跟我们说过，这帐篷好像太小了，就算多花点钱也应该租个再大一点的，要不然这一晚上都休息不好。我听了不以为然，蜷缩着身子睡就行了呗，还换什么大帐篷啊。这就是没有露营过的人们的无知了。

如果走了很久的路，那晚上睡觉的时候一定要伸开双腿，好好放松，才能恢复元气，特别是在第二天还要强行军似的赶路的情况下。在这窄小的帐篷里，我怎么也摆不出一个能伸展开的姿势。整个晚上，我都后悔自己的草率和无知。我以后再也不会自以为是，不听导游的话了！

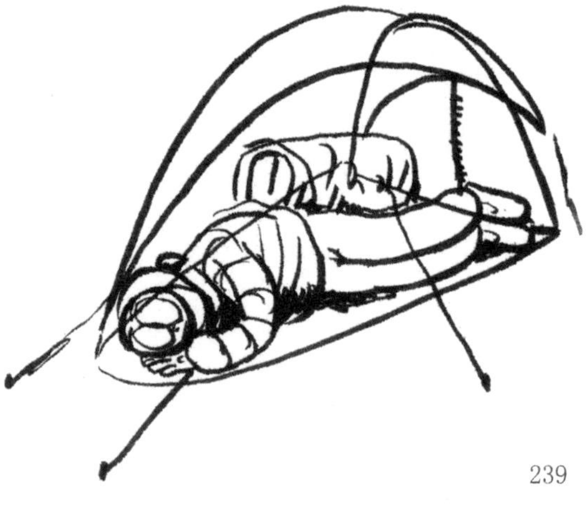

险路

秘鲁的戈克塔瀑布是世界上第二[1]高的大瀑布，就坐落在查查波亚斯的不远处，最近这座城市正因为发现了很多古迹受到人们的追捧。我本人也去过几次很大的瀑布，因此也没太把戈克塔当回事。我心想，也就是坐车到一个视野比较好的展望台，然后悠闲地喝杯咖啡看看景色，马上就能回来的吧。但是从我们的住处开车开了两个小时，到了瀑布附近，车辆就无法通行了，剩下的山路只能步行，或者骑马走至少一个小时以上。正因为这里地势险峻，这瀑布也是最近，差不多 20 世纪 70 年代的时候被发现的。当然，我们选择了骑马，在这种高山地带，我们一行人还没有完全适应，更不敢贸然爬山了。但是，没走多久我们就后悔了，山路非常崎岖不平，坡度很陡，也许还有马鞍的原因，骑了一会儿就觉得屁股被颠得生疼。回来的时候，我们坚持要步行，脚触碰到地面的一刹那都没有什么知觉了。难道这是惩罚我们只顾舒服，选择骑马上山吗？瀑布很美很壮观，我们的屁股也被颠得青一块紫一块的。果然，没办法和别人说自己哪里不舒服是一件多么痛苦的事啊。

---

① 疑作者有误，根据维基百科，应是第十六高。

轻率

在厄瓜多尔拍摄《世界主题旅行》这部纪录片的时候，和我同行的导演说，这个叫作非略斯的旅游城市对于媒体人来说可是天堂，这里不但有活火山和大瀑布这样的自然风景，而且拥有与自然灾害息息相关的历史以及丰富多样的美食。这里的休闲运动场所比较集中，而且受到了大家的一致好评。托他们的福，平时完全不懂得享受的我，也有幸跟他们享受了一把。其中就有一项是峡谷大穿越，这种项目要是我一个人绝对不敢轻易尝试。在瀑布倾泻的峡谷中，扶着一根绳子，从这头走到另外一头，在我看来，所谓的安全装置也没有多牢靠，这让我很是不安。但是在这种情况下，我还不得不上，因为摄影师要拍摄行走者的面部特写镜头。那里的工作人员严肃地对我们说，以前从来没有两个人一起通过的先例，如果太重的话，缆车可能就会在中间停下来 ，如果我们真的愿意的话，可以尝试，但是他们不会负任何责任。最终，我们三个壮了壮胆一合计，决定两个人一起通过，万幸的是我们两个平安到达对面峡谷。可能在室内看电视的人会觉得很有意思吧。不管怎么样，我们两个是历史上最早同时通过峡谷的人。当然，各位千万不要学我们，如果不想因为一些不好的消息上报纸的话。

BAÑOS

CAÑON DEL PATO, Y MÁS ALLÁ.

鸭子溪谷

如果你讨厌一个人，就带他去鸭子溪谷吧！这是我从鸭子溪谷里出来之后突然想出来的一句话。鸭子溪谷可以说是我所见过的世界上最险峻的道路了。从秘鲁中部的城市瓦拉斯去往海滨城市钦博特的柏油马路被封锁了，据说是因为运输公司的罢工事件。但是我们纪录片的日程很紧，万万不能再等了，于是我们选择了走鸭子溪谷。这是不一般的贯通安第斯山脉的路线。因为罢工，我们租不到车，只好花大价钱雇了个人的车和司机。这条路虽然名字听起来挺萌的，但根本不算一条可以通车的道路，这一点可是一点都不可爱。后来听当地人说，这里曾经是一群恐怖分子的隐身之处——就是说这个地方地势之险峻，人迹之稀少，已经可以让恐怖分子来藏身了。这时候我们也没有资格讨价还价了，这狭窄的土路，伸手就可以触碰一块块突出的岩石，我们的车就在这土石携卷的空气中一路向前开，不知道还得走几个小时才能到。虽然我们已经非常累了，浑身酸痛，但面对眼前的景象，谁也不会轻易犯困的。我们很想像鸵鸟一样，双眼一闭，什么都不管直接睡过去。但是，坐在副驾驶座上的我，还得强打着精神和司机师傅聊天，生怕他开车时犯困，再出什么事故。

不知道当时双手攥得有多紧，之后我感觉整个人身子都僵了。当时心中闪现了无数种想法。路况这么差，万一爆胎了怎么办？南美洲的车一般都是从国外进口的二手车，轮胎也大部分是二手的，甚至是翻新的，十分容易爆胎。爆一次胎可以用备用轮胎来解决，万一再爆第二次怎么办呢？再说了，虽然现在恐怖分子活动没有那么猖獗，但万一我们被极端分子绑架了怎么办呢？据说现在恐怖分子都特别喜欢绑架有钱的东方人……我虽然没有钱，但是他们不知道啊。万一我死在了他们的手里，我的尸体会被平安送回国吗？即使不会发生那么极端的情况，万一司机打盹了，手一松，车跑偏了的话，那一切都完了……人生，生死只在这么一瞬间啊。我们的导演特别喜欢拍照，一般遇到这么奇特的道路，他早就拿出相机来了。可是今天他看到路况也十分紧张，安静地坐在车后座，一声不吭。大家或是因为太累了，或是因为太紧张了，什么话都不说。只有我在兢兢业业地陪着司机聊天，生怕他犯困。

已经过了十几个隧道了。据说，这隧道都是用火药炸开山石打通的。但是，整个隧道没有一根柱子或者什么支撑的东西，或者说还没有开始进行这一项工程，就维持着没有完工的状态。我们担心隧道里随时可能会有落石，而且整个隧道根本没有照明设备，条件实在是太艰苦了。并且，这隧道是单向行驶的，这就意味着，如果行驶中对面有来车，我们就得一直后退，退到隧道入口（幸亏这路上的车不多），当然，在倒车的时候，后方可能还会遇到来车……就在这种艰苦的条件下，我们奔波了十个小时，终于到达了目的地。

突然，我意识到周围的山都变成黑色了，还可以看到远处有黑色的物体在移动。啊，是人！这里居然还有人生活，在这么偏僻的地方！但是他们的皮肤非常的黑。走近一看，是旷工们在踢足球，他们身上还有一层层黑黑的煤炭灰。在这种地方居然还有心情踢足球……也是啊，这对他们来说不过是日常生活的地方，是我太矫情了。一瞬间，我不觉得累了，只觉得自己很羞愧。不管怎样，关于鸭子溪谷的记忆就到此为止了。再说下去，只会感觉更羞愧的。

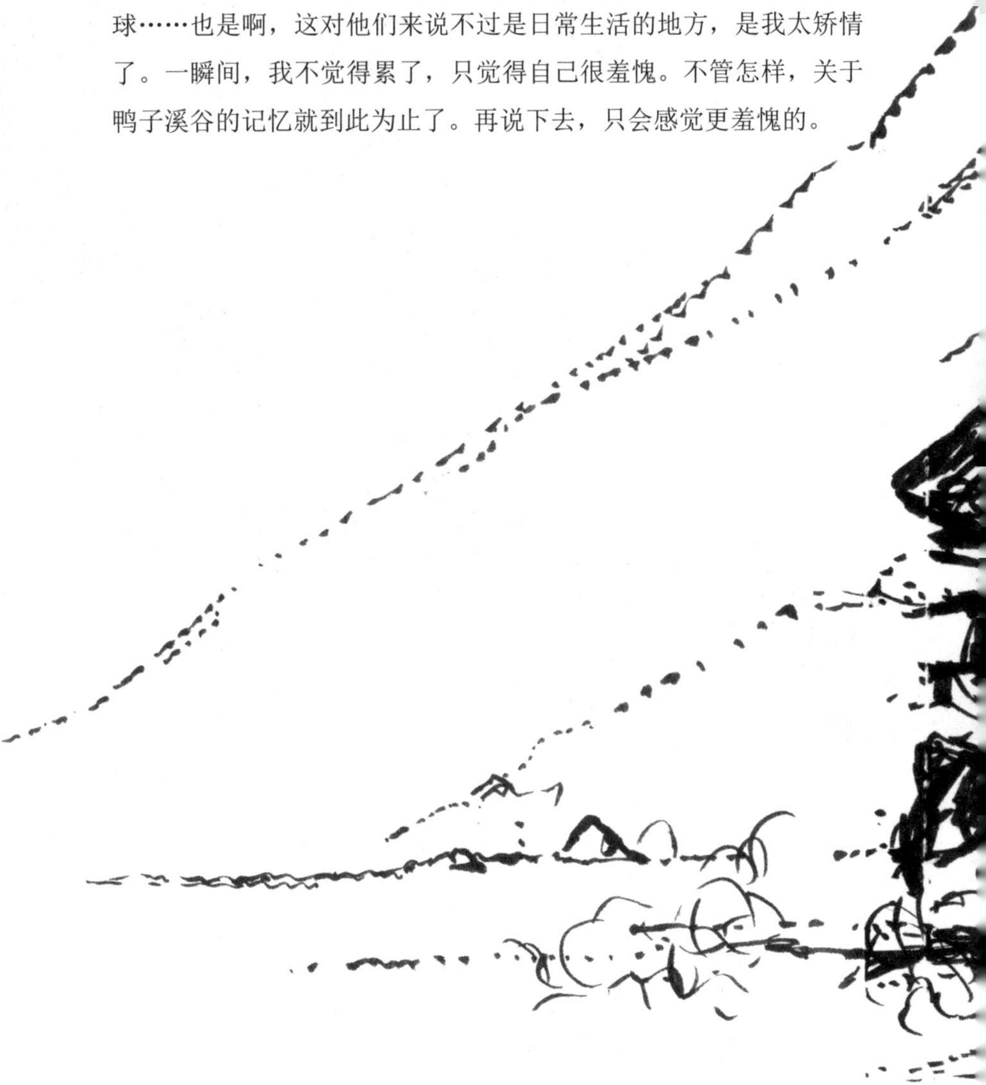

高原反应

在南美，海拔超过两千米的旅游胜地不计其数，因此也要特别小心高原反应。空气中氧气含量稀薄的时候，会出现头痛、眩晕、呕吐等症状。特别是晚上入睡之前，会感觉到胸口被压着什么一样，很难入眠。如果注意休息，并且喝一些当地旅馆里免费提供的一种茶的话（茶的名字叫Mate de Coca），大约过两天，症状会缓解很多。即便是习惯了高原地带生活的人们，去玻利维亚的拉瓦斯省生活也不是那么舒服的。它是世界上海拔最高的城市，机场建在海拔4060米的地方。一般都建议初次去那儿的人先坐飞机到库斯科机场（海拔3400米左右），在那里住一晚上，稍稍适应了之后，再搭乘大巴过境。不过，好在高原反应有着完美的解决方案。如果觉得实在受不了，从高原上下来就可以了。

着陆时的疼痛

从小时候开始，每当飞机快着陆的时候，我的耳朵都会因为压力觉得疼痛，兄弟中间只有我一个人这样。长大之后，症状已经缓解很多了，但是，如果飞机机体很小，或是因为疲劳身体状况不够好的时候，还是会感觉非常疼。所以，在飞机着陆的两个小时之前，我就开始紧张起来，又掏耳朵又擤鼻子，希望能减小一些耳内压力。我时常做好心理准备，迎接不知道什么时候袭来的疼痛，就如同等着被人拷问一样。刚刚结束了一段艰辛的旅程，在飞机上还得遭这个罪，可真不算是一件美丽的事情。但是想想，我们能够平安地结束旅行，飞机平安着陆，也算是非常庆幸了吧。轻微的疼痛倒是可以用画画来缓解，转移一下自己的注意力，如果耳朵非常疼，可是绝对没有心思画画的。真的非常痛苦的瞬间是无法在当下用笔记录下来的。

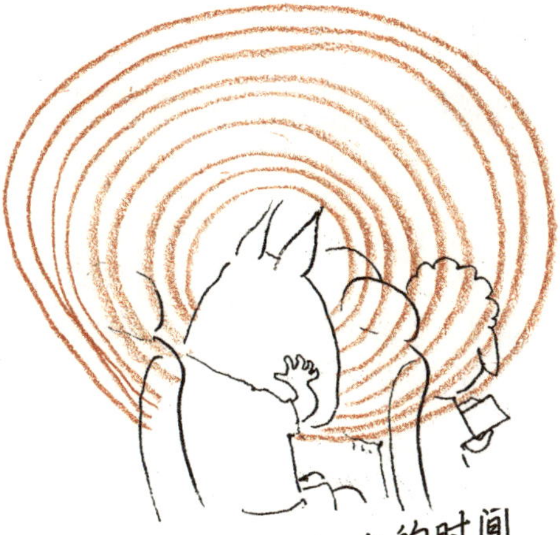

在哪里/在什么时候画画呢？

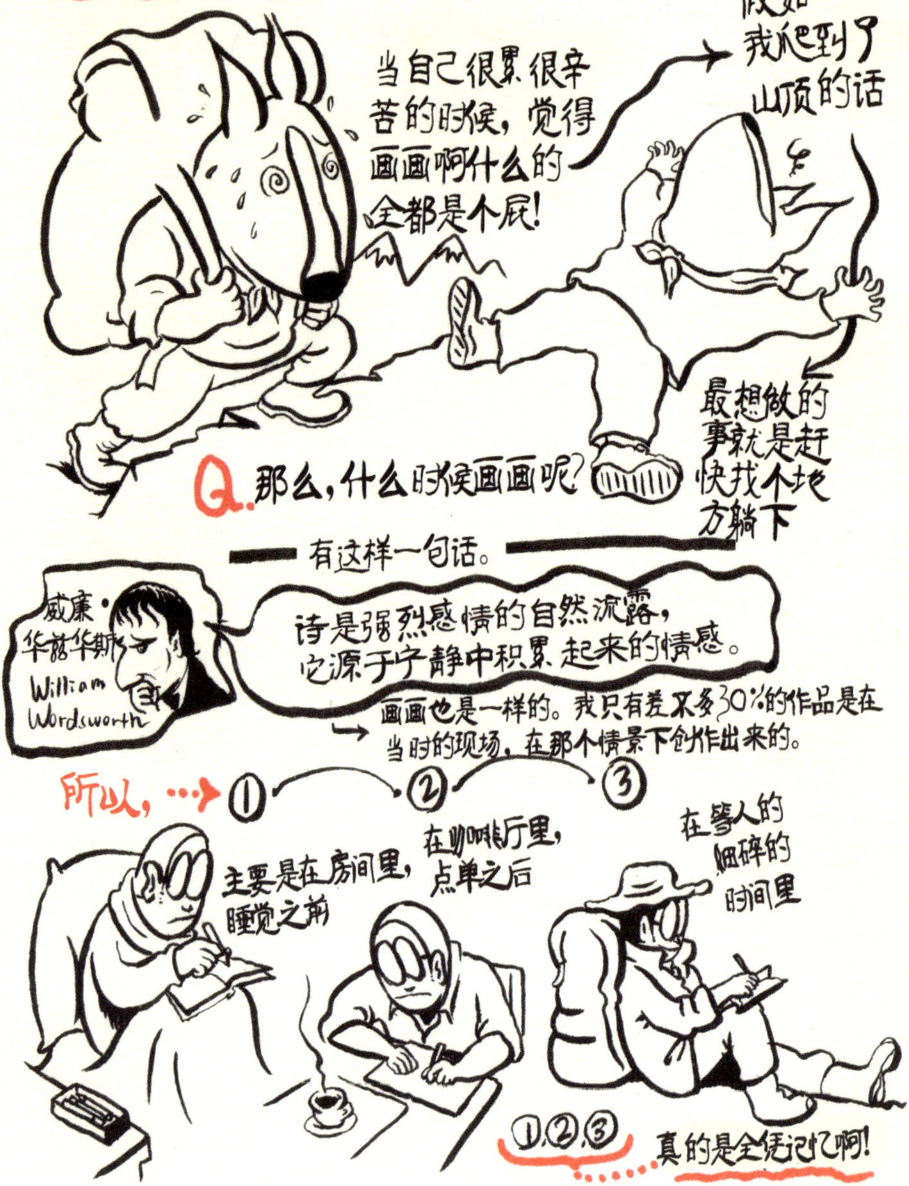

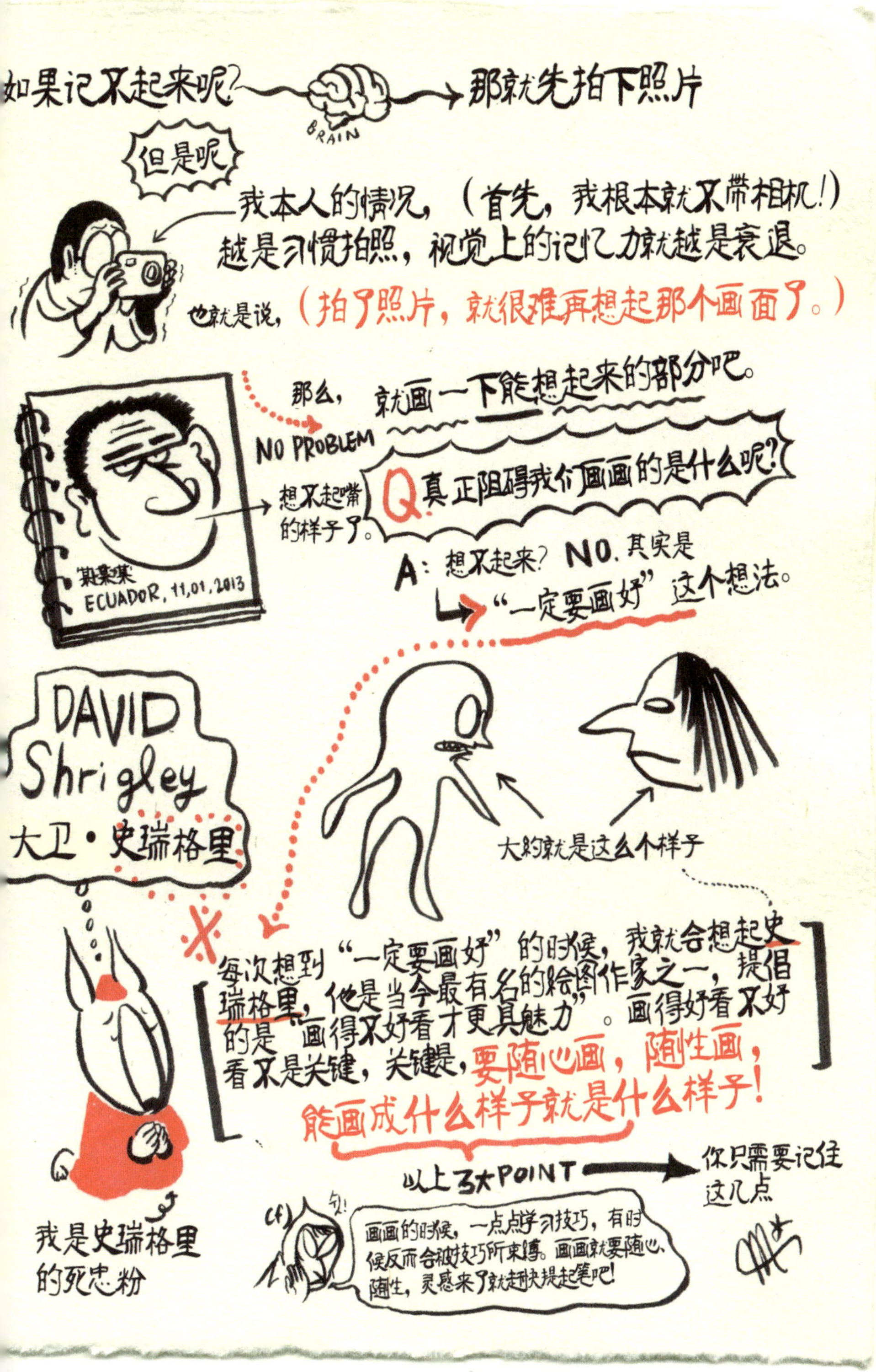
如果记不起来呢？
BRAIN
那就先拍下照片
但是呢
我本人的情况，（首先，我根本就不带相机！）
越是习惯拍照，视觉上的记忆力就越是衰退。
也就是说，（拍了照片，就很难再想起那个画面了。）
那么，就画一下能想起来的部分吧。
NO PROBLEM
想不起嘴的样子了。
某某某
ECUADOR, 11,01,2013
Q 真正阻碍我们画画的是什么呢？
A：想不起来？NO，其实是
"一定要画好"这个想法。
DAVID Shrigley
大卫·史瑞格里
大约就是这么个样子
每次想到"一定要画好"的时候，我就会想起史瑞格里，他是当今最有名的绘图作家之一，提倡的是"画得不好看才更具魅力"。画得好看不好看不是关键，关键是，要随心画，随性画，能画成什么样子就是什么样子！
以上3大POINT
你只需要记住这几点
我是史瑞格里的死忠粉
画画的时候，一点点学习技巧，有时候反而会被技巧所束缚。画画就要随心、随性，灵感来了就赶快提起笔吧！

artist

迫切地，直到最后一分钟

你知道“迫切”这两个字的意思吗？想象一下，你最珍贵的东西马上就要消失了。在旅行中，特别容易产生这样的想法。见到的人，驻足的地方，看到的风景……很可能我们再也回不到这一刻。最后，给大家讲讲让我明白了“迫切”之含义的五位老师的故事。

梵高

很多人都有梦想。为了成为有钱人，成为名人，尽享盛誉，坐到自己想坐的位置而付出不懈的努力。但是这些东西都不能感动我。这世界上还存在着一些人，他们也有自己的追求和梦想，他们追求的价值和人的私利无关，和证明实力无关。他们虽然看起来微不足道，但一旦离开，就会触及我们的灵魂，让我们不自觉地追寻他们的足迹。

我只有一次旅行是为了追随一位画家。我去过法国的奥维尔小镇，瞻仰梵高的故居。要说喜欢梵高的话，可能现在的作家们都会说这品位有点不够潮流了。梵高虽然是人们最喜欢的画家之一，但是，他在专家（专业艺术家或者批评家）们中间却不是那么受欢迎。但是，我还是最喜欢梵高。要说有什么遗憾的话，梵高实在是太有名了，他的名声甚至盖过了人们对他的了解。比起他的艺术世界，我更被他的实际生活所吸引，这实际生活和他的艺术世界也是息息相关的。人们自然地被他的画所吸引，了解到他的生活，自然了解到他的思想。拜访梵高的故居，与其说是一次观光旅行，不如说是一次心灵的巡礼。他打动人的品质非常简单。坚强、敏感、不妥协、正直、单纯，这就是一个画家应当具备的。

ind Van Gogh,

when you feel hard

很多人因为得不到世人的认同而感觉苦恼，并非因为他们脆弱。得到认同是必需品，保障一个人在精神上、经济上可以被满足。但是，这个世界并不是很善待那些正直又真挚地生活的人。甚至，比起他们，生活似乎更宽待那些愚笨的人，这让他们更加受伤。大部分作家，还有一些执着地追求自己世界的人，很容易将梵高投射到自己身上。他将自己清澈又有力的灵魂留在了画布上，他的能量一望便知。但是，不管我们如何感动，不管我们怎样不远万里来他的墓前凭吊，他还是对此一无所知。如果说我们能做一些什么，来回馈他给我们的感动的话，我想应该不是讴歌他的精神，也不是以他为模范度过自己的一生。我们应当发现更多默默无闻的人，他们还未向现实妥协，他们还在追求着更高的自我价值。我们可以尽一己之力，为他们提供一些帮助，为了不让他们成为第二个梵高。梵高不是记忆里浪漫的艺术空想，他是实实在在的教训，他的事故不能重演。

哈密尔

6月的某一个傍晚，玻利维亚的小山村马查正在举行 Tinku 节，整个村庄都笼罩在热闹的气氛之中。突然，我发现了与这气氛格格不入的一个少年。不知道为什么，他没有像其他同龄的孩子一样穿着节日的服装，而是在游行的队伍旁边徘徊着。我不知道为什么大家都对他冷冰冰的，甚至摆出嫌弃的表情让他离得远一点。在被一群又一群的人围成的人流漩涡里面，我只注意到了这个少年。最终，他还是哭了起来，只是，他的哭声也被人群的歌声和欢笑声淹没了。于是，我问村子里的人，他没有家人吗？对方回答说，应该有吧。我又问另外一个人，他为什么没有穿节日服装呢？那人冷冰冰地回答我，因为没有钱啊，父母为了把孩子打扮得漂亮一些，也是费尽了心思，花足了银子啊。对话就这样结束了。

我一个外国人能为他做些什么呢？我不想对他施舍廉价的同情，他又不是乞丐。那么，就为他画一幅画吧。我一面紧盯着他，生怕他消失在人流里面，一面费劲地从书包里掏出纸笔，天太黑了，我甚至看不清楚他的容貌。不知道为什么，我的心一直在怦怦跳，一连画坏了好几张。我抓紧时间，终于画好了一幅画，就像要跟人告白一样，握着画走到他身边，我感觉自己的心跳得更快了。他可千万别以为我是什么奇怪的陌生人，再逃跑了呀，我只是想把这幅画送给他，就算一份小小的心意和安慰。万幸的是，他没有拒绝我，收下了我的画。他一手拿着画，用另一只手擦了擦鼻涕，呆呆地看了看我，又去追逐游行的队伍了。我真是谢谢他，没用那幅画来擦鼻涕。当他快消失在人群里的时候，我突然想起还有个重要的问题没有问他。我穿过人群，拉住他问了他的名字，他说他的名字叫哈密尔。

姐姐

对于有的人来说，旅行之后，留下的东西只有“照片”，但是我却很少拍照，最多也就是拍几张别人拿着相机的照片。本来我这个年纪就已经不热衷于拍照了，特别是摆拍，更觉得十分不自然。但有一次在巴黎的万塞讷森林，在姐姐的威逼利诱下，我还是不情愿地拿起了相机。

她的要求可真是麻烦！到底怎样才能把一个正在故作奔跑的人拍得真实又自然！最终，我也没拍出好看的照片，但不知道为什么，一想到巴黎，首先就想起我们摆拍的场景。有时候我也会揶揄姐姐说，你可真是会享受啊！但说实话，我羡慕她这种生活态度！

大海

有一本小说，名字叫作《鸟儿们飞到秘鲁死去》。很多看过这本小说的人听说我在秘鲁生活过，问我这是不是真的。我告诉他们，的确如此，我曾经生活的海边便是许多鸟儿最后栖息的地方。有很多外地人，看到飞得很累、很瘦削的鸟儿在沙滩上，经常会好奇心发作，去拨弄它们，看看是不是还活着。当地居民是绝对不会这样做的。这些鸟儿不知道为了什么，跨过了太平洋，不远万里飞到这里迎接他们生命的最后一程，也许，不打扰便是居民们对鹈鹕的一种临终关怀吧。

七年之后，我又来到了利马。今晚，我又要搭飞机飞回首尔了。我在海边的一家小餐厅里，面对着夕阳，自己过了一个安静的生日。我这次旅行有我出发之前想象的那么完美吗？做了一些事情，还有许多事情没有做。见到了一些人，还有想见最终没有见到的。这七年中间，有人离世了，只是那往事还仿佛历历在目。此行，没有画多少画，但作画的冲动却越来越强烈。

有人曾经说过，最初觉得在海边生活非常快乐，但时间久了，便会觉得无聊甚至忧郁。我在秘鲁生活了两年，却觉得也并非如此。每一天，我都感叹大海的美丽与壮阔，每一天，大海都让我感觉身心宁静，给与我抚慰。大海给我的感觉是特别踏实的。不管听到让我难过的消息，或是一天结束后特别疲惫，只要看到大海，就觉得自己的小情绪微不足道。就像七年前踏上这片土地的那个二十四岁的年轻人一样，直到现在，大海还是承载了我很多的梦想。

马上就要离开了。从利马市内去往机场的路有好几条，我特意让司机走了沿海的那条路。真想在海边再多逗留几分钟……离开的路上，我努力地克制自己，尽量不要因为涌上心头的回忆失控，但记忆碎片却像丝线一样，不时地飘出来钻进我的脑海。从韩国到秘鲁的路这么远，我得什么时候才能再来呢。在我感叹的时候，不觉间车变多了，渐渐地有些堵车了。一瞬间，我又因为怕错过飞机而不安起来。真是有意思啊，虽然很想留下来，但一出现这种情况，还是急急忙忙地生怕走不了。所以希腊神话里的神才说很羡慕人类，因为人类不是永生的，人类是有极限的，所以，人类才懂得珍惜。

就细细品味这最后的一分钟吧，那些乱七八糟的想法全都抛开。

可惜的是，这次过来我没有看到临终的鹈鹕，甚至没有看到它们在低空中飞翔。在干净的白沙滩上，一对肤色黝黑的男女停下脚步，深情地热吻起来，在他们的身后，一头褐色的马儿经过。在他们的反方向，五六只海鸥飞过天空。没有见到鹈鹕，那就向它们做最后的告别吧。

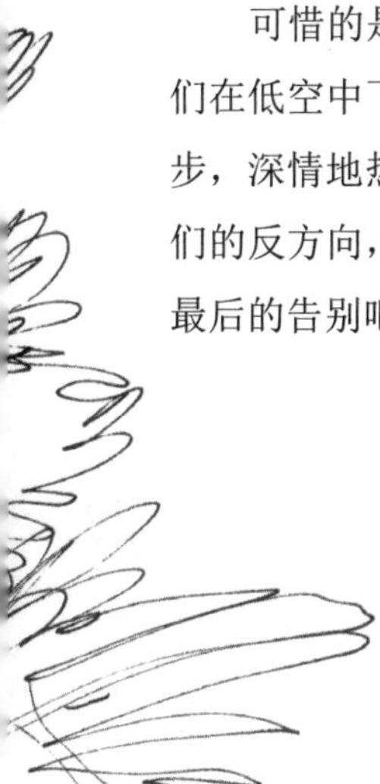

少年

我还想把这本书献给另外一个人。就是我在德国遇到的一个不知道名字的少年。那时候，我在纽伦堡有名的咖啡店“迪西莫”（Dissimo）里等一个朋友。一个少年吸引了我的目光，他正把头埋在桌上，用心地画画。在旁边休息室的妈妈进来，叫了他好几遍，但他还是没听到似的一动不动。这次，换做爸爸进来催他快走了，但他还是一点反应也没有。最后，他的父母联合出动叫他快走，但他连头也不回，仍旧埋头作画。后来，他爸爸几乎是用一只手来把他给抱走的，直到那时，他的手还是紧紧地握着那支铅笔。我见过很多沉迷于游戏或者手机的小孩，但拉都拉不走，这么热衷于画画的小孩还是第一次碰到……我好像被人打了一记耳光似的，坐在位子上，久久没有离开。

我在这个年纪是怎样的呢？我也曾经那么热爱画画啊！

我现在变成了什么样子呢？我是不是只有工作的时候才会画画呢？与其说我喜欢画画，倒不如说画画是我的工作。当然，我很喜欢我的工作，但是，有少年那么喜欢吗？说实话，还真的没有。如果是同样的场景，有人催我走，我肯定二话不说就跟人走了，打着关怀别人的旗号。那么我到底有多么关怀我自己呢？我扪心自问，作画的时候真的重视过那些稍纵即逝的灵感吗？我是不是被金钱和娱乐蒙蔽了双眼，最终变成了一个无聊的大人？

万幸的是，我遇到了这个孩子，就像命运早就安排好的一样，在2009年12月。那天晚上，我回到家里，拿起了搁置已久的画笔。是谁让我画了第一幅画，又是谁让我重新燃起画画的热情呢？这个小小的少年画家深深打动了我，也许他根本不知道，遇见他是多么珍贵的一份礼物，这几乎是我人生中的转折点。

虽然不会再见到他了，虽然再见到他我肯定也不认识了，但还是希望他不要放弃画画。我也不会放弃。从那天以后，我所有的画都是欠他的债。

谢谢你，小家伙。

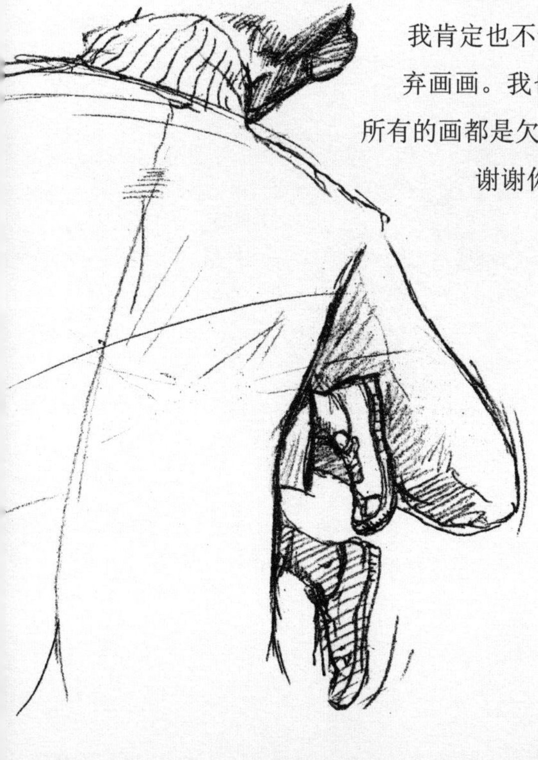

画画
是一门艺术，
可以打发时间，
可以珍藏记忆。

回来的路上，各自有着不同的心思。

我想上卫生间，哥哥正在熟睡，妈妈在想家。